戦国の北奥羽南部氏

熊谷隆次
滝尻侑貴
布施和洋
柴田知二
野田尚志
船場昌子
共著

デーリー東北新聞社

目次

II　室町幕府下の南部氏
～安東氏との抗争と「戦国大名」化

熊谷　隆次
滝尻　侑貴

Ⅲ　南部氏「家督」晴政の戦い

熊谷　隆次
滝尻　侑貴

IV　南部信直の決断
～豊臣政権の奥羽仕置と九戸一揆

熊谷　隆次
滝尻　侑貴

Ⅴ　発掘された南部氏城館

一族束ね「戦国大名」に

はじめに

熊谷隆次

中世後期、室町幕府、荘園《しょうえん》領主ら中央の権力が衰退・解体したのに伴い、地方の領主は自立化を遂げ、一定の領域を支配するようになった。この領域権力化した領主同士の間で、領土問題や権力奪取などを巡り紛争が起きていた時期を「戦国時代」という。

▽**戦国の始期と終期**

戦国時代の始まりについて、従来は応仁元～文明9（1467～77）年の「応仁の乱」（応仁・文明の乱）とする考えが強かった。しかし近年は、享徳3（1454）年から始まった関東の「享徳の乱」や、室町幕府管領《かんれい》細川政元が10代将軍足利義材《よしき》（後の義稙《よしたね》）を廃位させた明応2（1493）年の「明応の政変」を始期とする見方が有力となっている。

終期については、織田信長が足利義昭を奉じて入京した永禄11（1568）年、または信長による義昭の京都追放（室町幕府の滅亡）の天正元（1573）年が一般的である。ただし、豊臣秀吉による後北条氏滅亡、つまり小田原攻めの天正18（1590）年を終期とする考えもある。

陸奥（青森県、岩手県、宮城県、福島県、秋田県北東部、茨城県北東部）、出羽（秋田県、山形県）の両国（奥羽）の大名らは、領土支配権の保障を求めて小田原（神奈川県小田原市）参陣中の豊臣秀吉の元へ出向き、服属したが、これを機に秀吉による天下統一が完成したためである。この奥羽の大名の中に、三戸城（青森県三戸町）城主南部信直もいた。奥羽の大名にとって、小田原攻めが戦国時代の終わりである。

▽安東氏との争い

中世の北奥（青森県、岩手県）は、日本最大の郡「糠部《ぬかのぶ》郡」（青森県東部、岩手県北）の一戸～九戸の「戸《へ》」と、東・西・南・北の「門《かど》」を南部氏、津軽および糠部郡宇曾利《うそり》郷（青森県下北半島）、蝦夷ケ島《えぞがしま》（北海道）を安東氏（下国《しものくに》氏、安藤氏）が支配していた。

南部氏の家紋「向鶴」を使用した最古の資料である銅製品。15世紀後半～16世紀前半のものとみられ、当時の三戸南部氏の拠点・聖寿寺館《しょうじゅじたて》跡で出土した
（南部町教育委員会提供）

南部、安東両氏は永享4（1432）年以降、津軽安東領の争奪戦を繰り広げていたが、文明2（1470）年を最後に、南部氏に敗れた安東氏は津軽から完全に撤退した。15世紀末、南部氏は当主信時の頃、手中に収めた津軽に城代《じょうだい》制を敷いて、支配体制を整備した。さらには、鹿角郡（秋田県鹿角市、小坂町）の他、久慈郡（岩手県久慈市）、岩手郡（同盛岡市および周辺）、閉伊郡（同三陸沿岸部）など、糠部の隣郡へも領土を拡大した。

南部氏が、この広大な北奥支配を固めた15世紀末ごろを、北奥における戦国時代の始期と考えてよい。

▽三戸氏中心の「一家」

なお、15世紀の南部氏は「奥州ぬかのふ（糠部）なんふ（南部）一族」、つまり惣領《そうりょう》家（宗家《そうけ》）の三戸氏を盟主にした、一戸、四戸、七戸、八戸、九戸諸氏による一族の連合体＝「一家《いっか》」を形成していた。それぞれが自己の家臣と領土を支配する独立した領主で、戦国時代の始まりが「戦国大名」南部氏の登場ではない。

16世紀中ごろの安信・晴政父子の時期に、三戸氏は秋田安東氏や陸奥斯波《しわ》郡（岩手県紫波町）の斯波《しば》氏ら周辺の領主との紛争の中で家臣の結集を図り、また一族（一家）を軍事的指揮下に置いた。こうした自己の家臣集団（家中《かちゅう》）と一族を統合し、糠部郡を中心に領国支配を成し遂げた段階の三戸氏を「戦国大名」と呼ぶことができる。

本書では、戦国大名化を進める南部安信、晴政、信直の時代を中心とし、天正18年の小田原攻め、豊臣政権による「奥羽仕置《しおき》」、翌19（１５９１）年の九戸一揆（九戸政実《まさざね》の挙兵）までを描いていく。

九戸一揆を終期とした理由は、対外的には、九戸一揆の鎮圧が国内の完全な静謐《せいひつ》の実現と、天正20（１５９２）年3月からの朝鮮侵略につながったことにある。対内的には、九戸一揆を通じて九戸、七戸、四戸、一戸の諸氏が滅亡して「一家」の構成メンバーが三戸氏と八戸氏だけとなり、事実上の「一家」の解体、南部氏一族の連合体の消滅を決定付けたからにほかならない。九戸一揆は、北奥における戦国期以来の旧体制を一挙に解体し、近世社会へ転換させる画期であった。

I

鎌倉・南北朝期の南部氏

奥大道付近から数字振る

糠部と「戸」

滝尻侑貴

青森県東部と岩手県北部は、かつて「糠部」と呼ばれた。読みは、正中２（１３２５）年の文書によると「ぬかのふ（ぶ）」（９月11日付「安藤宗季譲状」）で、その中は一〜九の「戸《へ》」と東・西・南・北の「門《かど》」、そして一つの「郷」に分けられていた。

この糠部の区画整理が行われたのは平安時代末期、東北地方が奥州藤原氏の支配体制に組み込まれた時代と考えられる。当時、東北地方を縦貫する「奥大道」という道路があり、糠部でも南西部を通っていた。

区画整理に当たっては、奥大道付近から北上して順に数字を振っていったと思われ、七戸（青森県野辺地町まで含まれる）で海（陸奥湾）に出た。そこから太平洋側を南下し、九戸まで付けた後、その周辺の東・西・南・北に「門」を付けたと考えられる。一〜九の「戸」は、現在の市町村名にも残っている地域付近で、現存しない四戸は、青森県八戸市の南郷地区や櫛引の辺りから岩手県二戸市金田一までであった。四戸の地名が記された有名な史料として、正平21（１３６６）年８月15日付の「四戸八幡宮神役注文案」がある。現在の櫛引八幡宮（八戸市）の神事について記されたもので、櫛引周辺が四戸の地域であったことが分かる。

四戸の地名が史料上に見えるのは寛永10（１６３３）年ごろまで（６月１日付「南部重直知行宛行状写」）で、承応３（１６５４）年（「雑書」６月27日条）ごろには現れなくなっている。

　東・西・南・北の「門」については、以前の研究では「門」の中に九つの「戸」がそれぞれ編入されていたと考えられたが、現在は「戸」と「門」は別の地域であったことが分かっている。現在、「門」の付く地名は残っていないが、東門《ひがしのかど》は岩手県洋野町付近、西門《にしのかど》は同旧浄法寺町付近、南門《みなみのかど》は同葛巻町付近、北門《きたのかど》は青森県田子町付近とされる。北門が、「戸」の北側とは言い難い位置にあるように感じるが、前述の通り、七戸が野辺地までを領域としていたため、そこを含まないように設置されたと考えられる。

　これら「戸」と「門」による区画制度を、研究用語として便宜上、「四門九戸の制」と呼んでいる。また、「戸」と「門」以外の下北半島周辺は「宇曽利郷《うそり》」とされた。

　「戸」の詳しい領域や由来は定かではないが、馬の

中世の北奥羽地域と糠部

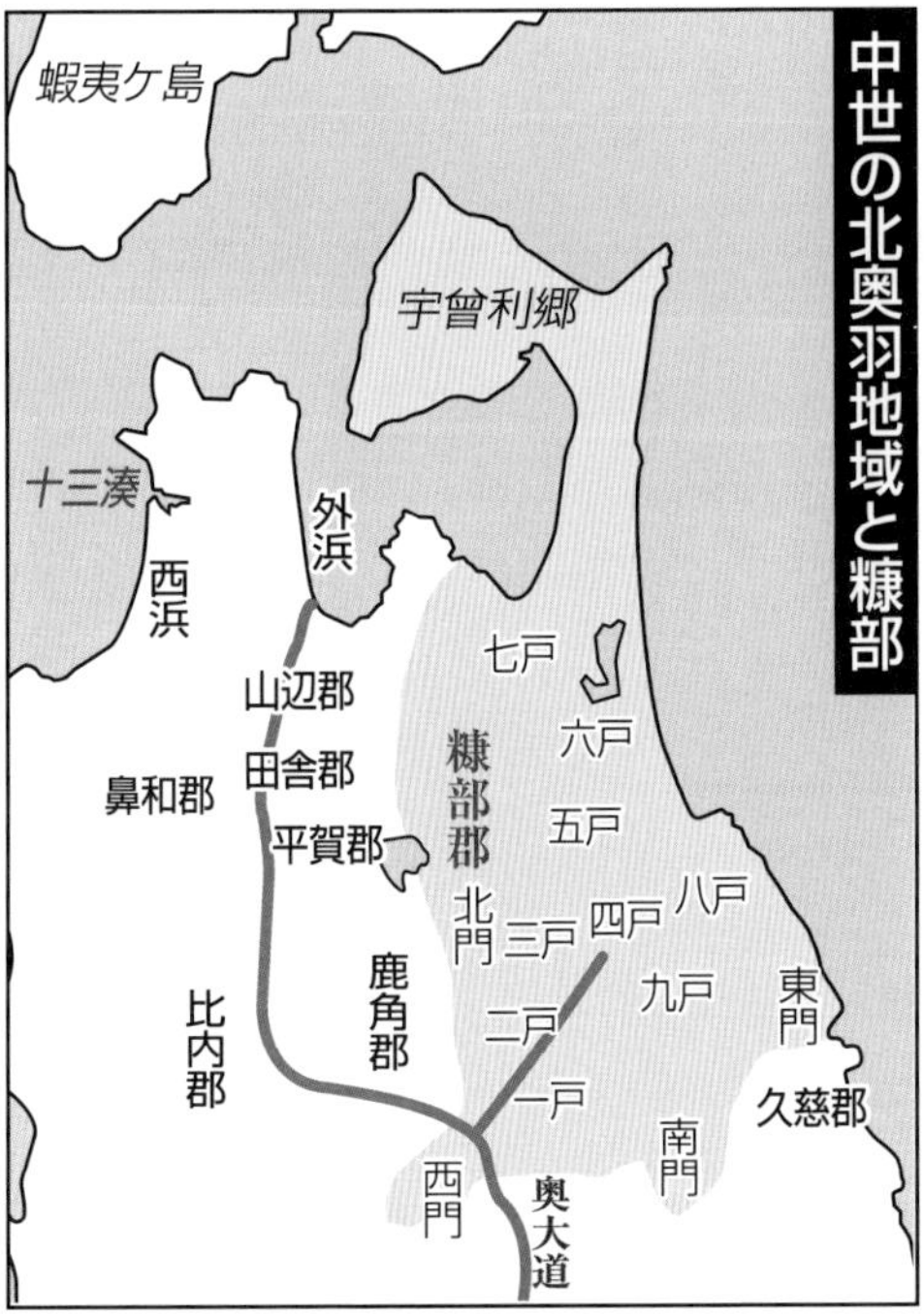

＊『青森県史　通史編1』『新編八戸市史　通史編I』を基に作成

牧場ごとに分けたとか、京周辺の地割り制度である「戸主の制」から来たなどといった説がある。また永正5（1508）年に記された馬の焼印に関する記録（「古今要覧稿」禽獣部）は、一つの「戸」には七つの村があり、計63カ村だったとする。

後に、糠部以外に「戸」の続きと思われる「拾戸《じゅうのへ》」と呼ばれる地域が登場する。それが遠野（岩手県遠野市）である。それまで遠野は、「遠野保《ほ》」や「遠野郡」と呼ばれた土地であったが、寛永4（1627）年に南部一族の根城《ねじょう》南部氏（八戸氏）が遠野に領地替えとなった際、「拾戸遠野」（3月17日付「南部利直知行目録」）や「拾戸之内遠野」（3月19日付「南部利直知行宛行状」）などと記された。

裏付ける確かな記録は存在しないが、「戸の地域に住んだ南部氏」という観念が、時代がたつにつれ「南部氏が住んでいる土地が戸」と変わっていき、八戸氏が移った際に新たな「戸」として名付けられたものと思われる。

戸立の馬

「戸」で育成された馬は史料に「〇戸立《へだち》の馬」としてしばしば登場する。軍記物語『源平盛衰記』では一戸や三戸、七戸産の馬に乗る武将たちが描かれ、源頼朝も三戸立の馬などを秘蔵していたと記す。「糠部」という言葉が初めて出る鎌倉時代の歴史書『吾妻鏡《あずまかがみ》』には贈答品として糠部の馬が登場し、ブランドとして確立していたことがうかがえる。

系譜に含まれる創作

南部氏の始まり

滝尻侑貴

南部氏の系図は清和源氏に始まり、新羅《しんら》三郎義光、加賀美遠光《かがみとおみつ》を経て、南部三郎光行を祖とする。

光行は鎌倉時代、源頼朝が奥州藤原氏を討った奥州征伐に参加し、その功をもって糠部《ぬかのぶ》（青森県東部、岩手県北）を領地としたという。光行は建久2（1191）年に糠部へ入部。三戸（青森県三戸町および周辺）を本拠地とし、光行の後も三戸に居住した子実光の一族を三戸南部氏（聖寿寺館《しょうじゅじたて》→三戸城→福岡城→盛岡城、後の盛岡南部氏）、その弟実長の子孫で後に八戸（根城、青森県八戸市）を本拠地とした一族を根城南部氏（八戸氏、後の遠野南部氏）とする。

よって、当主の代数を数える際、三戸南部氏は光行を、根城南部氏は実長をそれぞれ初代としている。以上が一般的に伝えられている南部両氏の系譜である。しかし、その内容には事実ではないとみられる点があり、両氏の初代の記述にも創作が含まれていることが近年指摘されている。

まずは光行について見ていく。光行は鎌倉幕府の御家人として『吾妻鏡《あずまかがみ》』などに登場し、甲斐国（山梨県）に領地を持っていた。

これを示す文書が、京都の六条八幡宮（現若宮八幡宮）の造営の際に全国の御家人から徴収した造営料を記す建治元（1275）年6月27日付「六条八幡宮造営注文写」で

南部氏系図（鎌倉時代〜南北朝動乱期）

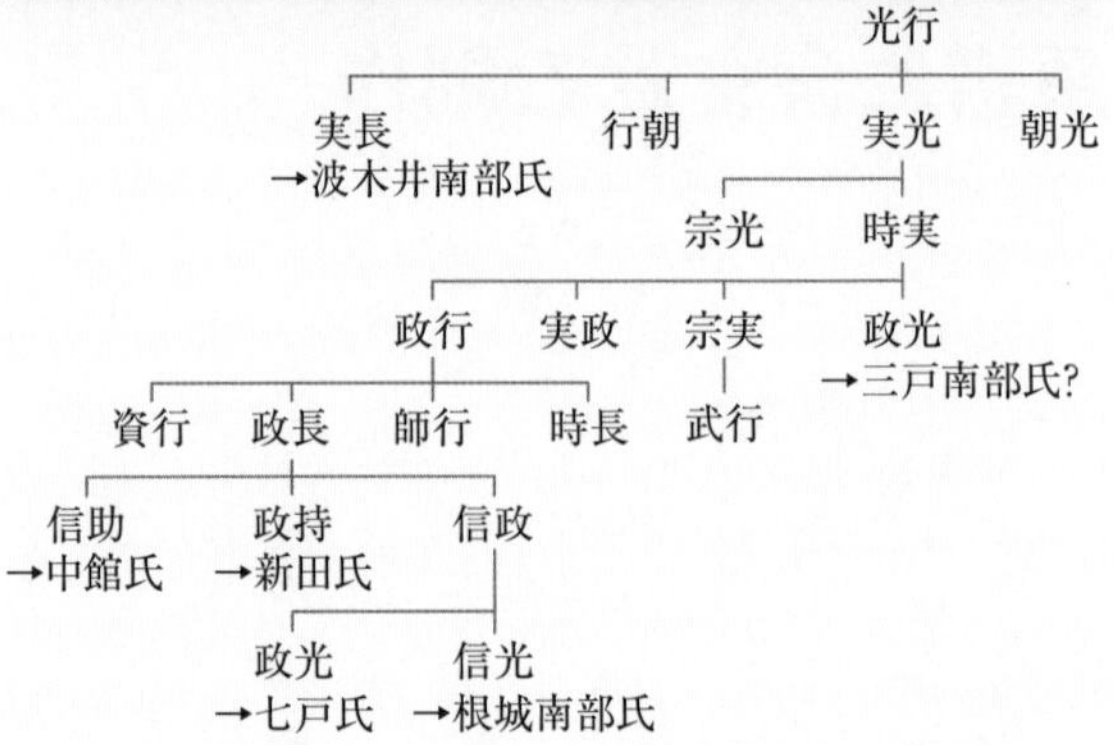

※「尊卑分脈」『三翁昔語』「遠野南部家文書」などを基に作成

根城南部氏の系統となる政行と師行ら親子は、甲斐国南部郷以下を領有する南部氏惣領の座を巡り、宗実・武行親子と2代にわたって裁判で争った。一方、三戸南部氏の系譜は不明な点が多い

ある。本史料の甲斐国の項に「南部三郎入道跡」とある。かつ陸奥国の項には南部一族の名前は記されておらず、この時点では、南部氏は糠部に領地を持っていなかったと考えられる。

そうすると、系図類でよく記される、糠部が光行以来の所領という記載は否定される。

次に、光行から甲斐国波木井《はきい》郷（身延町）を譲られた実長の系統（波木井南部氏）は2代実継、3代長継と続き、八戸に根城を築いたとされる4代師行《もろゆき》は一族からの養子と伝えられてきた。しかし、波木井氏と師行の関係は創作であり、根城南部氏と波木井氏のつながりはなかったと考えられる。

元弘3（1333）年12月の「南部時長・師行・政長陳状案」によると、師行は実長ではなく三戸と同じ実光の子孫で、実父政行は甲斐国南部郷（南部町）を治める南部氏の惣領《そうりょう》であった。その後、師行は北畠顕家《あきいえ》の奥州下向に際して先に奥州入りし、後の一族は八戸を本拠地として活動していくことになる。

一方、実長に始まる波木井氏は波木井郷を本拠地に展開していくが、戦国期になり、武田信虎によって滅ぼされることとなる。

この両氏を結び付けたのが、実長が創建を援助した身延山久遠寺（身延町）所蔵の「身延文庫」に収められた「波木井実長日円並波木井氏事蹟尋ニ付覚書控」や「波木井氏系図ニ付覚書」である。江戸時代に遠野南部氏（八戸から所領替え）から久遠寺に対する照会に回答したもので、このやりとりを通じ、遠野南部氏は波木井氏の系図や観応2（1351）年正月6日付「足利尊氏御判御教書《みぎょうしょ》写」（影写本、「斉藤文書」）などの古文書を入手している。これらを基に創作を重ねていったと考えられる。

この動きは、盛岡藩時代に主家となった盛岡南部氏と、家臣である遠野南部氏の家格差を明確にするため、祖となる人物を同じ実光ではなく弟の実長に変更し、遠野南部氏が格下であることを示したものと考えられる。

系譜は基本的に、後世に作られるものであるため、作成時の情勢が加味される。このことを踏まえると、また違った内容が見えてくるのである。

鎌倉時代の糠部領主

鎌倉時代に糠部を支配していたのは幕府執権北条氏であり、その代官が当地に入っていた。倒幕後の建武新政権による、領地の再分配に関する文書から代官を類推すると、安藤、工藤、横溝、会田、佐々木、浅野、大瀬、三浦などの一族がいたと考えられる。ただし、鎌倉末期になると、南部氏の支配地が存在していた可能性も指摘される。

建武政権で北東北を管轄

師行と根城

滝尻侑貴

元弘3（1333）年に鎌倉幕府が滅亡し、後醍醐天皇を中心とした新しい政治が始まった（建武の新政）。統治体制として各国に国司と守護が併設されたが、東北地方は守護が設置されず、独自の体制となった。この体制は、後醍醐天皇の皇子義良親王を奉じたが、実質的なリーダーとして陸奥守《むつのかみ》に任じられた人物が、当時16歳だった公卿北畠顕家《あきいえ》である。顕家は同年10月に陸奥国へ下向、11月末ぐらいに多賀の国府（宮城県）に入り、新体制を築いていった。

南部師行《もろゆき》が多賀国府へやって来たのは10月2日。顕家の先遣隊として1カ月早く入った。翌建武元（1334）年には糠部《ぬかのぶ》郡奉行所が設置され（同年2月21日付「金頼清書状」）、師行はこの郡奉行に任じられたと考えられる。郡奉行は現地での執行官であり、師行はこの年4月には糠部（青森県東部、岩手県北）の地に入っていた。

本拠地は、後世の記録などから八戸（青森県八戸市）の根城と推定されている。糠部や津軽は、鎌倉時代には幕府執権北条氏の所領であり、八戸は代官の工藤氏が治めた。根城跡からはその工藤氏館と思われる遺構も見つかっており、根城はこの場所を活用したとみられる。

名前の由来については、江戸時代にまとめられた根城南部氏の記録『八戸家伝記』に、北畠顕家が「奥塞之根柢《こんてい》也」（奥を治める拠点である）という意味で名付けたと記されているが、実際は八戸の城という意味で「八戸城」と呼ばれていたのではないかと思われる。

「根城」の文字が初めて文書に現れるのは元和4(1618)年11月23日付の「南部利直知行目録」であり、廃城になる寛永4(1627)年のわずか9年前のことである。

師行は糠部以外に久慈、比内、閉伊、鹿角、遠野、外浜《そとのはま》など現在の北東北3県にまたがる地域の管理も行っている。主な職務は大きく分けて2種類あり、一つが領地の分配や事件があった場合の調査など管轄地域の支配に関すること、もう一つが北条氏残党に対する軍事行動である。

八戸市博物館前で勇壮な姿を見せる南部師行像

鎌倉幕府が倒れた後も新体制に反発する勢力が多く残っており、元弘3年から建武元年まで津軽で2度蜂起があった(元弘4年＝1334年正月10日付「曾我乙丸代沙弥《しゃみ》道為軍忠状」、12月14日付「津軽降人交名注進状案」)ほか、建武2(1335)年にも合戦があった(9月1日付「北畠顕家御教書写《みぎょうしょ》」）。

建武２年の合戦では、師行は津軽の状況の調査を命じられて現地に赴いており、弟政長が大将となったようである。

こうして北東北の支配に奔走していた師行であったが、中央では足利尊氏が後醍醐天皇の政権から離反し、各地で尊氏に追従する勢力が現れるようになる。師行は後醍醐天皇方（南朝方）として顕家に従い、尊氏方（北朝方）と戦うために２度、京都方面へ出陣している。１度目は建武２年で、京都にいた尊氏方を打ち破り、九州へ敗走させている。

２度目は、尊氏が勢力を挽回した建武４（延元２、１３３７）年で、奥州軍は足利方の鎌倉を攻め落とし、さらに翌年には美濃国阿字賀（岐阜県羽島市）などでも勝利。しかし、奈良で敗れて京都への進軍が果たせず、河内国（大阪府）に逃れている。

立て直しを図るも、和泉国石津（大阪府堺市）で尊氏方の高師直《こうのもろなお》に敗北し、顕家ともども戦死することとなる。現地には、今も顕家と師行の供養碑が立っている。

▌弟政長が先に奥州へ

同時代の文書から分かる範囲で、南部一族で最初に東北へ来たのは師行の弟政長である。元弘３（1333）年12月付の「南部時長・師行・政長陳状案」によると、鎌倉幕府滅亡時には既に奥州におり、そこから反幕府軍の援軍にはせ参じた。所領があったとの見方もあるが、幕府滅亡の一因となった津軽安藤氏の内乱鎮圧に参陣していたのかもしれない。

天皇から鎧を拝領

南朝への忠節

滝尻侑貴

建武4（延元2、1337）年、南部師行《もろゆき》が北畠顕家《あきいえ》に従軍するに当たり、糠部《ぬかのぶ》（青森県東部、岩手県北）での職権は一時、弟政長に預けられたと考えられるが、翌年の顕家、師行の戦死で郡奉行自体が有名無実化する。一方、顕家を討った足利尊氏は征夷大将軍に就任する。室町時代の始まりである。

そんな中で政長は周辺勢力をまとめ、南朝方として活動していく。興国元（暦応3、1340）年ごろ、新たなリーダーとして顕家の弟顕信が奥州にやって来たこともあって、南朝勢力は一時盛り返す。曾我氏ら津軽の北朝勢力が糠部へ侵攻すると、政長は防戦に努め、1年余りで数十度の合戦を繰り広げた（「曾我貞光申状土代」）。

興国3（康永元、1342）年に顕信が三迫（宮城県栗原市）で北朝方に敗北すると味方の降伏が相次いだ。政長に対しても尊氏の弟直義《ただよし》から何度か投降を促す文書が出され、ついに正平元（貞和2、1346）年に降伏することになる（12月21日付「足利尊氏御判御教書案《みぎょうしょ》」）。

ところが、すぐにまた南朝勢力として活動を再開したと考えられ、降伏の2年後には政長の子信政が南朝方として戦い戦死。正平4（貞和5、1349）年には雫石（岩手県西部）の勢力と時期を合わせて蜂起している。

信政の子である信光、政光の代になっても南朝方への忠節は変わらず、後村上天皇か

後村上天皇から拝領したと伝わる国宝「白糸威褄取鎧・兜・大袖付」（櫛引八幡宮所蔵）

ら戦功を賞した綸旨《りんじ》や鎧《よろい》を拝領した。その鎧が、青森県八戸市の櫛引八幡宮所蔵の国宝「白糸威褄取《つまどり》鎧・兜《かぶと》・大袖付」である。さらに、領地として甲斐国（山梨県）の神郷や倉見山も与えられている。

しかし、南朝勢力は次第に衰退し、根城南部氏は南朝によらない在地での権力基盤を模索していくことになる。その様子が分かるのが「一揆契状《けいじょう》」である。一揆とは、政治的・軍事的に同じ目的を持った共同体のことで、この関係を結ぶことを誓った文書が契状である。

政光と信光の子長経がそれぞれ周辺領主と結んだもので、弘和2（1382）年、永徳4（1384）年が1通ずつ、至徳4（1387）年が2通の計4通が残されている。うち、永徳と至徳は北朝年号であり、北朝勢力の相手とも契約を結んだと考えられる。

元中9（明徳3、1392）年には南北朝が合一したが、根城南部氏は先んじて在地勢力と結び付いていたことが分かる。この頃には、甲斐国の所領を手放し、本格的に八戸を本拠地として活動を始めたようである。

長経・光経兄弟の時代には、応永18（1411）年、一族の三戸南部氏と共に秋田で安東氏と戦って領地の拡大を目指した他、翌年に菩提《ぼだい》寺となる大慈寺を創建するなど在地との結び付き強化を図っている。安東氏との戦いはその後も続き、光経の子長安の頃には、安東氏を北海道へ追い落としている。

また、後世の記録がベースとなるが、近隣だけでなく、中央政権と関連する戦いにも参加している。

応永23（1416）年、関東を統括する幕府機関である鎌倉府の長官・鎌倉公方《くぼう》足利持氏に対し、その補佐役・関東管領《かんれい》だった上杉氏憲（禅秀）が反乱を起こした際は上杉方として参陣。永享7（1435）年に起こった和賀氏の内紛においては、奥州をまとめる幕府機関の奥州探題《たんだい》大崎氏と同族である斯波《しわ》郡（岩手県紫波町）の斯波《しば》氏からの軍勢催促に応じている。

「両南部」の関わり

南北朝時代初頭の現存史料は多くが根城南部氏に関するもので、三戸南部氏の活動は見えない。江戸時代に記された『三翁昔語《さんおうせきご》』によると、政長の側室として三戸南部祐政の娘が入っており、新田《にいだ》氏、中館氏の祖となる政持・信助兄弟を産んだという。後世の創作の可能性もあるが、史実だとすれば、この頃から両氏の関わりがあったと考えられる。

南北朝期の三戸氏Ⅰ

滝尻侑貴

裏付け取れない事績

南北朝時代の史料は根城南部氏（八戸氏）のものがほとんどであり、江戸時代に盛岡藩を築く三戸南部氏の動向を追うことが難しい。従って、この頃の三戸氏について、江戸時代に作られ、幕府に提出された系譜『寛永諸家系図伝』（１６４１～43年作成。58年説もあり。以下『寛永』）で確認したい。鎌倉幕府滅亡の頃から室町時代初期までの当主とされる茂時、信長、政行、守行の４人を１人ずつ見ていく。

茂時は官位が右馬頭《うまのかみ》で、正慶２（１３３３）年５月22日に鎌倉幕府最後の得宗北条高時と共に鎌倉で自刃したと記される。茂時の死は『太平記』にも記述があり、これを基にしたと考えられるが、実は『太平記』に登場する茂時は北条氏一族の人物で、南部氏の者ではない。北条茂時は鎌倉末期、九戸に領地を持っており（元弘３年＝１３３３年12月18日付「北畠顕家《あきいえ》下文」）、これが誤認の一因ではないかと考えられる。

信長の官位は伊予守《いよのかみ》で、事績については記されていない。政行は官位が遠江守《とおとうみのかみ》で、北朝に属して将軍足利尊氏から文書をもらったとするが、根拠とする文書は偽文書である。しかも、『寛永』の後に作成された『寛政重修《ちょうしゅう》諸家譜』（以下『寛政』）は、同じ偽文書を基に、先代信長の事績として記している。

守行は官位が大膳大夫《だいぜんのだいぶ》で、事績として、「上杉禅秀の乱」で足利持氏方として参加し、軍功によって陸奥国司職に任じられたとする。後に秋田安東氏との合戦の際、家紋を従来の「割菱」から「向鶴」に変えたと記されている。
しかし、禅秀の乱では、南部家は禅秀方であり、持氏とは敵対している（「室町幕府との関係」の項参照）。ここでも偽文書が根拠に使われ、しかも応永18（1411）年付なので、同23（1416）年の禅秀の乱とは年代が合わない。また、陸奥国司職という職権は存在しない。

三戸南部氏系図（『寛永諸家系図伝』を基に作成）

南部光行―実光―時実―（五代略）―祐政

- 茂時▶右馬頭。鎌倉幕府滅亡時（1333年）に自害
- 信長▶伊予守
- 政行▶遠江守。将軍足利尊氏から本領支配を認める御教書をもらう
- 守行▶大膳大夫。上杉禅秀の乱で足利持氏に味方し、陸奥国司職を与えられる。秋田（安東氏）との戦に勝ち、家紋を「割菱」から「双舞鶴」（向鶴）に改める

義政―政盛―助政…

家紋の逸話についても、八戸氏に残されている伝説と同内容であり、そのまま取り込んだ可能性もある。『寛永』に記されていない守行の事績として、まず元中9（1392）年3月26日付の天台寺（岩手県二戸市）の鐘銘《しょうめい》がある。こちらには「左馬権守《さまごんのかみ》源朝臣《あそん》守行」と刻まれている。
ただし、この鐘が造られたのは江戸時代の明暦3（1657）年、盛岡2代藩主南部重直のときである。鐘を製作する際、かつて守行が鐘を造ろうとして銘文を記したが、実際には鐘が製作されず、文章だけが残されていたものがあり、これを銘文として改めて使用

したとする。250年以上前の銘文が本当に残されていたのかは疑問が残るところである。

また、『寛永』には守行の官位として左馬権守は記されず、『寛政』で記されるようになった。銘文は『寛永』編さん後に発見されたのだろうか。

他に、応永14（1407）年（同11年＝1404年、12年＝1405年説あり）8月付の櫛引八幡宮（青森県八戸市）の鰐口《わにぐち》に、守行の名前が刻まれている。ただし、こちらの銘文では名前が守行のみであり、南部や源といった文字は見えない。

以上4人について『寛永』の系図を基に確認したが、茂時の否定に始まり、信長、政行は史料が現存せず、守行も史料の扱いには慎重を要する。

■ 系図が不詳な理由は

三戸南部氏の系図がはっきりしない理由として、根拠となる古文書などが①本《もと》三戸城（聖寿寺館《しょうじゅじたて》）の火災で焼失②24代晴政と26代信直の確執から相続されなかった③盛岡城で火災に遭った—などが挙げられる。その他、八戸市博物館所蔵の『寛永』本は、系図類は花巻城に保管していたが焼失して全く分からなくなり、重直の代に新たに創作して『寛永』を作ったとする。

系統不詳の人物たち

南北朝期の三戸氏Ⅱ

滝尻侑貴

南北朝・室町時代の史料には、江戸時代に作成された系譜類と照らし合わせても、根城南部氏（八戸氏）とも三戸南部氏ともはっきりしない人物が現れる。時代を追って確認していく。

『太平記』では建武3（1336）年10月10日、後醍醐天皇の行列の中に「南部甲斐《かいの》守《かみ》為重」の名が見え、南朝方の人物と考えられる。

江戸時代に作られた『寛永諸家系図伝』（以下『寛永』）にはその名がなく、その後の『寛政重修《ちょうしゅう》諸家譜』（以下『寛政』）に、三戸南部信長の弟としてその名が記される。ただし、その官位は甲斐守ではなく左近将監《さこんのしょうげん》とする。興国6（1345）年3月26日に北畠顕家《あきいえ》から軍功を賞されたと記すが、根拠とする文書は根城南部氏の左近将監信政宛てに出されたものである。

元々、八戸氏が所有していた文書を、三戸氏が家伝編さん過程で収集し、流用したと考えられる。従って、『寛政』の為重に関する記述は創作であり、『太平記』に登場する南部姓の人物を系譜に取り入れたとみられる。

当時、南部氏で甲斐守を名乗ったとされる人物には、根城南部師行《もろゆき》の兄で、甲斐国（山梨県）にいたと考えられる時長がいるが、「甲斐守為重」との関係は不明である。

正平6（1351）年ごろの8月12日付の北畠顕信書状で「南部信□」が、翌7

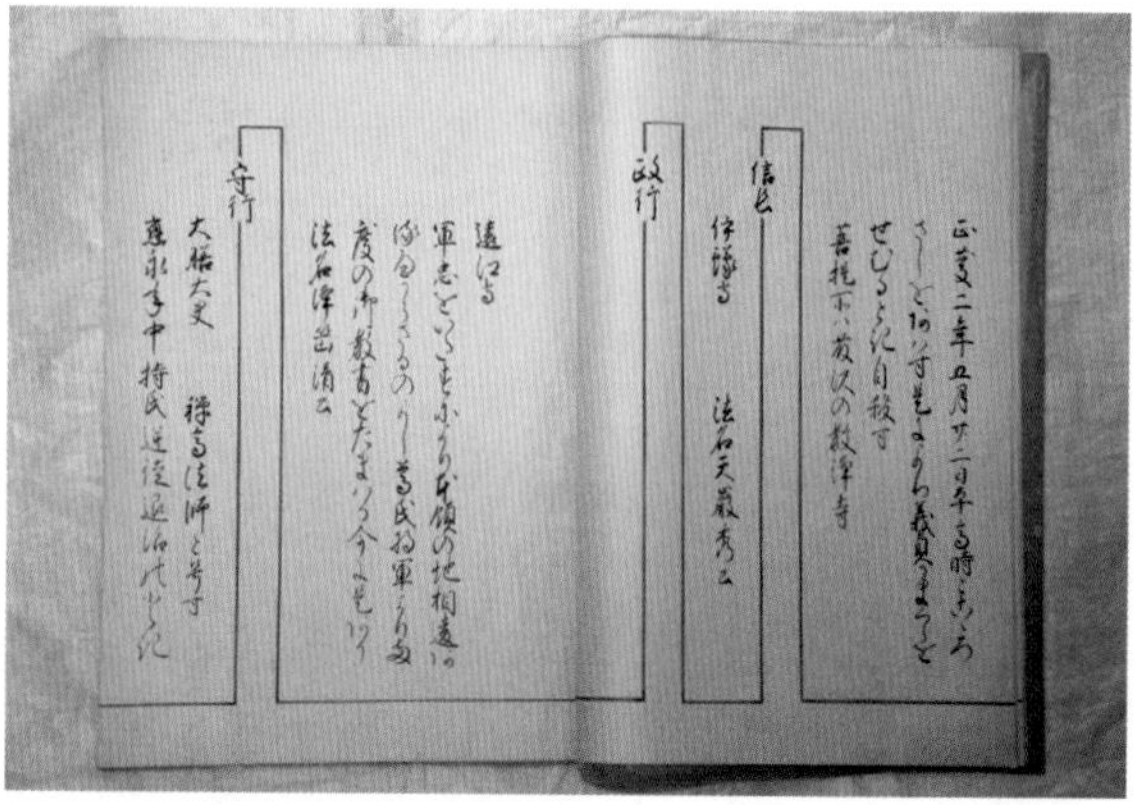

『寛永諸家系図伝』の南部信長、政行、守行の箇所。戦国時代以前の南部氏については、数少ない同時代史料と、こうした江戸時代の系譜類をすり合わせて検証する（八戸市博物館所蔵）

（1352）年3月22日付の吉良貞家感状では「南部信濃守」が、顕信と共に蜂起した南朝方の人物として登場する。□の欠損部分が「州」だとすれば、同一人物だと考えることができる。

当時、八戸氏の当主だった信光のこの時点での官位は不明だが、前後数代で信濃守を官位とする人物はいないため、八戸氏ではないと考えられる。三戸氏も家伝では遠江守《とおとうみのかみ》政行の頃で、対応する人物がいない。

文和2（1353）年1月末ごろの和賀義綱の報告書には「南部伊予守」が見え、同19日に北朝方に降伏した人物として記されている（「和賀義綱代野田六郎左衛門尉《さえもんのじょう》着到状」）。

官位だけ見ると「南北朝期の三戸氏 Ⅰ」の項で紹介した三戸南部信長にも思えるが、『寛政』によると信長は延元4（1339）年に亡くなっているため適合しない。

寛保元〜4（1741〜44）年作成の『系胤譜考《けいいんふこう》』で、一戸野田氏の系図に登場する一戸親継は信長の妾腹《しょうふく》の子で、婿養子として一戸氏に入り、南部伊予守と呼ばれていたとする。史料の南部伊予守との関わりは記していないが、時代としては同時期の人物に当たる。

一戸の有力者では、貞和5（1349）年、熊野那智大社（和歌山県那智勝浦町）の檀家《だんか》を記した史料にも「一のへのいつかたいの中務《なかつかさ》殿」が登場する。戦国時代以降、南部氏家臣となる一方井《いっかたい》氏はこの時点では存在しないと考えられ、「中務殿」は一戸南部氏かもしれない。

また、正平15（1360）年6月5日に顕信から津軽の領地を与えられた南朝方の人物に、「南部雅楽助《うたのすけ》」がいる（「北畠顕信袖判御教書《みぎょうしょ》」）。『寛政』では、これを信長・為重の末弟祐長としている。ただし、為重と同じく『寛永』には記されていない。八戸氏にも該当する人物はいない。

このように、三戸南部氏の人物とは断定できないものの、南北朝初期の北奥羽における南朝方の主戦力として活動した根城南部氏とはまた別系統とみられる南部一族が、次第に登場してくることが分かる。

▌北畠顕信

兄顕家の戦死後、東北の南朝勢力のまとめ役となる。多賀国府（宮城県）奪還寸前で敗退し、北奥に逃れる。正平6(1351)年、足利尊氏・直義《ただよし》兄弟が争った「観応の擾乱《じょうらん》」に乗じて再起。国府奪還に成功するも、すぐに北朝方の反撃を許す。北奥で同17（1362）年ごろまで活動していたようだが、以降の足取りは不明。子孫は浪岡（青森県青森市浪岡）を拠点とし、浪岡氏を称したという。

滝尻侑貴

「大膳権大夫」は誰？

引き続き、南北朝・室町時代の史料に登場する南部氏を見ていく。正平18（1363）年5月4日に作られた天台寺（岩手県二戸市）の鰐口《わにぐち》に「源信行」が見える。源姓ということは南部一族であろうか。

南部信行について、寛政年間（1789～1801年）作成と考えられる『御当家御記録』では、三戸南部11代当主が初め信長と名乗り、後に信行と改めたとする。官位は伊予守《いよのかみ》の他に遠江守《とおとうみのかみ》を名乗っていたと記す。ただ、亡くなったのは暦応2（1339）年としており、年代が合わない。

正平21（1366）年8月15日に行われた四戸八幡宮（現櫛引八幡宮）の流鏑馬《やぶさめ》や相撲、競馬などについて、「大膳権大夫《だいぜんごんのだいぶ》」が一戸～九戸、東・西・南・北の「門《かど》」それぞれの興行順や負担金を指示した「四戸八幡宮神役注文案」は、この時代の南部氏に関連する有名な史料である。大膳権大夫は従来、三戸南部守行とみられていたが、同文書は案文（下書き、控え）であることから、慎重な検討が必要である。

八幡宮は名前の通り四戸の領域にあり、四戸櫛引氏が管理していたと考えられる。また、八幡宮での神事の取りまとめは、当時の勢力規模からいくと八戸氏の役割だったとみられる。実際、史料の興行順では四戸と八戸が2度登場し、神事に重要な役割を担ったことがうかがえる。

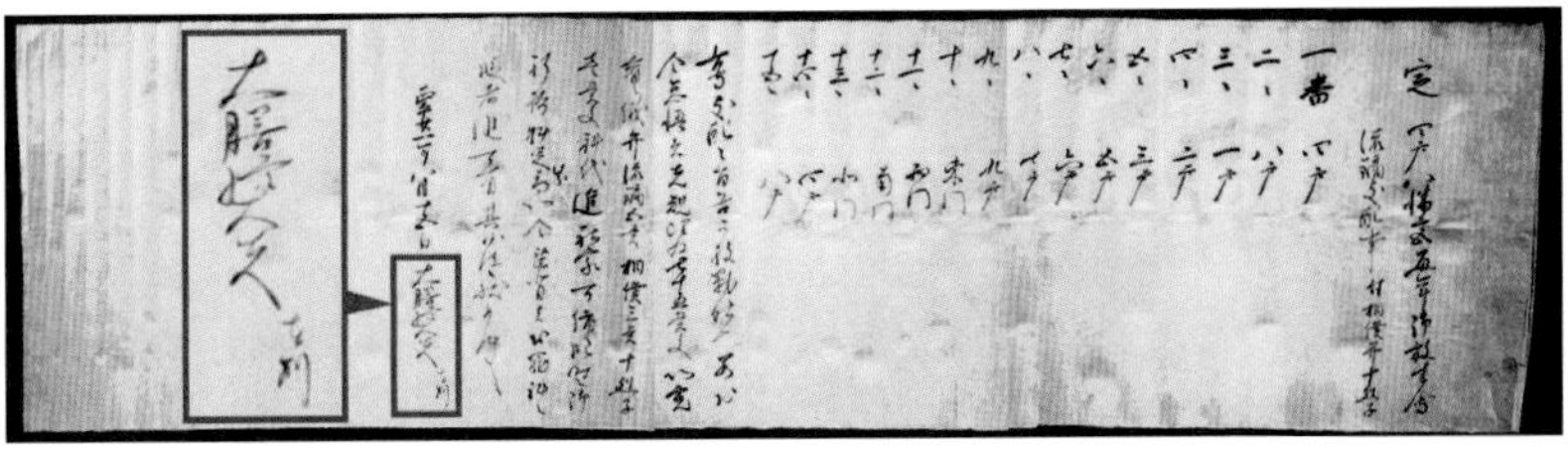

遠野南部家文書「四戸八幡宮神役注文案」(影写本)。差出人名に「大膳権大夫在判」とあり、本来の文書には署名の下に花押(サイン)があったことを示す(八戸市博物館所蔵)

原本は八幡宮に提出されたはずで、八戸氏に残されたこの文書が下書きならば、原本も作成したのは八戸氏となり、差出人を三戸氏とするのは違和感を覚える。後世、八戸が三戸の家臣となった後に、家格差を示すために三戸氏が名乗る官位名を使って作成した可能性もある。

原本の控えならば、三戸氏が作成して一戸〜九戸と東・西・南・北の「門」に配られたうちの、八戸分と捉えることもできる。

後者であれば、南北朝後期には既に三戸南部氏が一族の惣領《そうりょう》となっていたことがうかがえるが、推測の域を出ない。

なお、「源信行」を前述の北畠顕信と共に蜂起した「南部信濃守」「南部信□」と同一人物とし、「南部大膳権大夫」も信行とする斉藤利男氏の説もある（『戦国大名南部氏の一族と城館』）。信行は三戸南部守行の父であり、この時期に四戸八幡宮の祭礼支配権を三戸南部氏が得たとする。これにより三戸氏が糠部《ぬかのぶ》（青森県東部、岩手県北）の惣領的地位を獲得していくという新鋭の説である。この説では、系図で記される守行の前代政行と前々代信長は実在せず、信行の事績を2人に分けて系図に盛り込んだとしている。

ただし、私見を述べるならば、もし信長、政行が信行のことを分けて記したならば、信行の官途は、信長の「伊予守」か、政行の「遠江守」だったのではないかと考える。信行の在期が政行の時期まで含むのならば、前項で紹介した

「南部伊予守」が信行に比定できるだろう。

至徳4（1387）年3月29日と晦日付《みそか》の「一揆契状《けいじょう》」には「前信濃守清継」「近江守清長」が見え、年号から共に北朝の人間と思われるが、南部氏かどうかは分からない。

一説には「清」の字を通字とする四戸櫛引氏の可能性も指摘されている。また、前項で紹介した「南部信濃守」と前信濃守清継は同族で、清継は南部氏の可能性もある。

この時期には既に北朝方に降伏しており、そのため北朝年号を使用したのかもしれない。契状は八戸長経と結んだものだが、本文中で清長は長経を「南部左近将監殿《さこんのしょうげん》」と呼び、清継は「八戸左近将監殿」と記している。清継は南部の同族故に、区別するため「八戸」と呼んだのかもしれない。

時代は下り、永享元（1429）年6月に記された「時衆過去帳」では、時宗の結縁者《けちえん》（つながりがあった者）として「南部信濃」「南部殿信州」が見えるため、信濃守を代々の官位とする南部一族がいたのかもしれない。

史料からはそれ以上は確認できないが、もしかするとこれが本来の三戸氏だった可能性もあるだろうか。

▌依頼者不詳の鰐口

青森県南部町の斗賀神社には正平21（1366）年の鰐口が残されている。ここには製作を依頼した人物として「大信朋尊」の名前が見える。年号から南朝方で、この地域の有力者、おそらくは南部氏の人物と思われるが、それ以上は全く手掛かりがない。

南北朝期の三戸氏Ⅳ

滝尻侑貴

南部氏発祥の地である甲斐国（山梨県）で活躍した一族について確認していく。まず、「南部氏の始まり」の項でも触れた波木井《はきい》南部氏である。甲斐国波木井郷（身延町）を本領とし、祖とされる波木井南部実長は日蓮宗に帰依して総本山の身延山久遠寺創建に尽力した。

実長以後、長義、長氏と続くが、その足跡は身延山関係の史料に少しだけ見える。根城南部氏（八戸氏）が系図作成に際して身延山から受け取った観応2（1351）年正月6日付「足利尊氏御判御教書写《みぎょうしょ》」に、波木井南部実氏のことと考えられる「南部次郎三郎」が見える。内容は尊氏が忠節を賞するものなので、波木井氏は北朝方であったと分かる。

時長子孫の可能性も

通説では、波木井氏は大永7（1527）年に武田信虎に滅ぼされたとされるが、『系図纂要《さんよう》』の系図によれば、当主は戦死したものの、子孫は武田氏と対立を続けたという。天正12（1584）年には徳川家臣となっていたようで、甲斐国に領地をもらっている（10月12日付「徳川家康朱印状写」）。

次に、鎌倉時代末期から南北朝期初めに南部時長・師行《もろゆき》・政長兄弟と相続争いをしていた、いとこの南部武行である。鎌倉幕府執権北条氏の家政をつかさどる内管領《かんれい》長崎一族の婿となり、その権勢を背景に、本来は時長が相続するはずの甲斐国南部郷（南部町）

山梨県南部町の浄光寺にある南部氏供養塔。寺の裏山にあった鎌倉〜南北朝期の一族の墓石群が昭和41（1966）年にまとめられ、供養塔が建てられた（岩手県立博物館提供）

の惣領《そうりょう》を押領していた。

　鎌倉幕府滅亡時には、幕府方に付いていたようだが、その後も変わらず押領を続けた。武行の後は行宗、法壽と続く。一族は甲斐以外にも伊豆国二宮（静岡県三島市）などに領地を持っていたことが分かっている（「万澤家文書」）。南北朝期は北朝方だったようで、貞治3（1364）年、鎌倉公方《くぼう》足利基氏から法壽へ軍勢の協力要請が出されている（「足利基氏軍勢催促状写」）。

　『波木井南部氏系図』では、武行以後は、宗行・三郎兄弟、三郎の子に右馬助・左近《さこんの》将監《しょうげん》兄弟、右馬助の子に遠江《とおとうみ》入道、右馬助、大和守《やまとのかみ》と記されている。三郎が行宗で、三郎の子右馬助が法壽であること以外はっきりしない。ただ、「万澤家文書」の名の通り、文書を所有していたのは万澤一族であり、武行の子孫は万澤氏に名字を変えている。戦国時代には、甲斐武田氏一門の穴山氏に従属したようである。

　以上、南北朝・室町期の南部一族について見てきたが、史料の乏しさから断定的に論じるのは難しい。最後に三戸南部氏の発祥についての推論を述べ、考察を終えたい。

後に盛岡藩主家となる三戸氏については、師行・政長兄弟の系統である八戸氏が元は本家であったものが、室町期における三戸氏の勢力拡大に伴い逆転したとする説もあるが、系図などで三戸氏を本家とする記述を信じれば、時長の子孫である可能性も考えられる。時長には行長という子がおり、共に鎌倉幕府を滅ぼす戦いで活躍したとされる。

時長は、師行・政長兄弟が糠部《ぬかのぶ》（青森県東部、岩手県北）に来た後も甲斐国に残ったが、本領は武行一族に押領されたまま。異母弟の資行も武行に協力していたようである。両名に領地を奪われた時長が、弟を頼って糠部に来た―ということかもしれない。

これまで述べたように、時長兄弟の父政行は南部氏の惣領であった。師行、政長没後あたりから北奥羽にも別の系統とみられる一族が現れることから、いずれにしても、三戸氏も時長兄弟と血縁的に近い人物の系統と考えることができるのではないだろうか。

■ 他の南部氏の系統

『波木井南部氏系図』、『金綱集』紙背文書、「但馬国《たじまのくに》大田文」などによると、波木井一族から分かれた宮原氏、小田氏、西谷氏や、光行の子が祖と思われる城崎（木崎）氏、武行の叔父で奥州に来たとする次郎行宗一族、波木井から分かれ奥州に来た蔵人又三郎一族がいたとされるが、詳しくは分からない。

室町幕府との関係

三戸、八戸が個々にルート

滝尻侑貴

室町幕府の奥州支配は、幕府内部の権力争いに大きく影響されていた。南北朝期は奥州管領《かんれい》が置かれ、吉良、畠山氏による2人体制で始まった。

その後、足利尊氏と弟直義《ただよし》が争った「観応の擾乱《じょうらん》」の影響で、吉良氏の1人体制となる。吉良氏の後任は斯波《しば》氏だったが、吉良、畠山氏も依然として権限を持ち続けた。さらに北朝勢力の東北における押さえとして派遣された奥州総大将石塔氏も同等の権限を保持し、管領4人体制を思わせるありさまだった。

このような中で、明徳2(1391)年、現在の東北地方に相当する奥州、羽州両国は、それまで関東統治を行っていた鎌倉府の管理下に編入される。鎌倉府は、長官の鎌倉公方《くぼう》に足利一門が任命される重要機関だったが、次第に幕府と対立。応永6(1399)年、鎌倉府は現在の福島県に篠川、稲村両御所を設置、奥羽支配の強化を図った。

これに危機感を持った幕府は、新たな機関として奥州探題《たんだい》、羽州探題を設置し、奥州の管理権限を鎌倉府から移した。探題職には、足利一門である斯波氏の一族大崎氏を任命する。その後、永禄2(1559)年に伊達氏に探題職が移るまで、公的には大崎氏が奥州の統括役であった。鎌倉府の支配力強化には、幕府だけでなく在地勢力も危機感を持っていた。中には反鎌倉府の姿勢を示す者たちもおり、幕府もこれを支援するようになる。特に有力な奥州勢力は、京都(幕府)より扶持《ふち》を与えられ、将軍と直接主従関係を結んだ。この勢力を研究上、「京都御扶持衆」と呼ぶ。
奥州探題設置後も、鎌倉府の篠川、稲村両御所は一定の権限を保ったため、中央政権とのつながりを持つルートとして、奥州探題、鎌倉府、京都御扶持衆の三つが存在していた。奥州の諸勢力はこの中から頼るパイプを選択しなければならなかった。

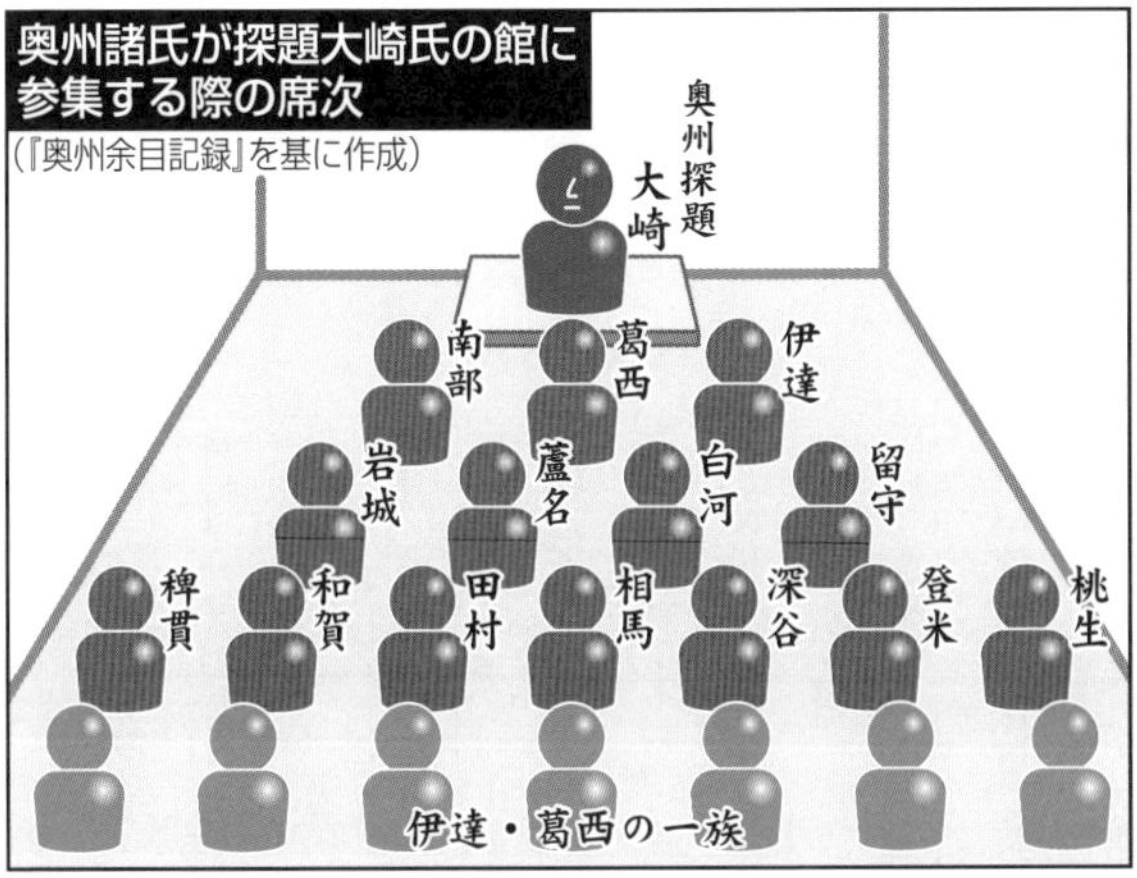

奥州諸氏が探題大崎氏の館に参集する際の席次
（『奥州余目記録』を基に作成）

※ただし、『奥州余目記録』の書状のやりとりのしきたりを記した箇所では、南部と葛西、留守が同格で、伊達を一段上に位置付ける

初めは鎌倉府の管理下に入ったと考えられる南部一族も、それぞれに幕府とのルートを確立していったとみられる。応永3（1396）年に起きた鎌倉公方に対する「小山若犬丸の乱」では、南部氏が鎌倉方として軍事行動に出ている（『底倉之記』）。ただし、どの南部氏かは判断がつかない。

奥州探題との関係を強めた八戸氏（根城南部氏）は、応永14（1407）年には大崎氏に官位の推挙を受けている（4月28日付「斯波満持挙状」）。一方、三戸南部氏は京都御扶持衆となったとされている。同23（1416）年に、鎌倉公方の補佐役・関東管領であった上杉氏憲（禅秀）が、鎌倉公方足利持氏に対して挙兵した「上杉禅秀の乱」では、禅秀方に南部氏の名が見える（『湘山星移集』『鎌倉大草紙』『源氏南部八戸家系』光経の項）。

応永25（1418）年には、南部氏が上洛《じょうらく》し馬と金銭を将軍へ進上している（『看聞《かんもん》日記』8月10日条）。これは三戸氏とする説が有力である。将軍直通の京都御扶持衆というルートを使用して、権威付けを図ったと考えられている。

以上のように、三戸、八戸両氏は、同族でありながら個々に中央政権とのつながりを構築し、権威を高めていった。

なお、奥羽には家格の秩序があった。それが「御所」と「屋形」である。奥羽の中では高位の家格を有していた御所は4氏おり、奥州探題大崎氏、羽州探題最上氏、斯波《しわ》郡を領地とする高水寺《こうすいじ》斯波氏、津軽浪岡を領地とする浪岡北畠氏である。

次いで、屋形は他地域では守護をそう呼ぶが、奥羽両国には守護が置かれなかったため、奥羽では、御所の次に据えられた領主の呼ばれ方だった。奥州の伊達・蘆名・白河、羽州の安東・小野寺・大宝寺が該当する。これらの領主は、他地域の守護職に相当する権限も有していたと考えられ、幕府から探題経由で届いた沙汰を執行していた。南部氏も屋形に相当していたと考えられている。

奥州諸氏の家格

奥州探題の活躍をまとめた『奥州余目《あまるめ》記録』は、奥州諸氏の家格を席次で記している。前列から伊達、葛西、南部が同列で、一つ下がって留守、白川、蘆名、岩城。その下に桃生《ものう》、登米、深谷、相馬、田村、和賀、稗貫《ひえぬき》。さらに下に伊達、葛西の一族とする。ただし、実際にはこの通り一堂に参集したことはないとされる。

Ⅱ

室町幕府下の南部氏
～安東氏との抗争と「戦国大名」化

津軽へ侵攻 十三湊奪う

安東氏との戦い

滝尻侑貴

南北朝の動乱が鎮まり、糠部郡《ぬかのぶ》（青森県東部、岩手県北）を本拠地に新たなスタートを切った南部氏は郡内にとどまらず、周辺地域にも勢力を広げていった。その上で最大の障壁となったのは、領地の隣接する部分が最も多い安東氏である。

その所領は外浜《そとのはま》、津軽方面であり、後に秋田まで拡大する。本拠地については諸説あり、藤崎（青森県藤崎町）や尻引（同弘前市）が挙げられるが、近年は十三湊（同五所川原市）とする説が有力視されている。

南部氏と安東氏の対立は、南部師行《もろゆき》の頃から始まっている。元来、安東氏は津軽地域を所領としたが、鎌倉幕府滅亡後、北畠顕家《あきいえ》は津軽の沙汰を師行に行わせ、北奥羽の支配力を強めようとした。安東氏は初め、顕家たち南朝方に付いたが、師行による津軽支配が進んだことに反発したのか、足利尊氏の北朝方に変わる。

南北朝統一以降では応永17（1410）年、八戸氏の伝記『八戸家伝記』（長経の項）に、八戸南部長経の弟光経が安東氏と合戦した記事がある。三戸南部守行の命令で戦ったというが、主体は八戸氏で、山本郡刈和野（秋田県大仙市）が戦場となった。近隣の長野、淀河（いずれも同市）に八戸氏の領地があり、この付近を攻められたか、または、同時期に安東氏の一部が秋田に進出し、湊安東氏が成立していたことを考えると、安東氏勢力拡大への牽制を兼ねて領土拡大を目論《もくろ》んだかが戦いの理由だったと思われる。

南部氏が優勢だったような記載もあり、安東氏側の記録『下国《しものくに》伊駒安陪姓之家譜』では、守行の子義政を「婿」と記していることから、安東氏の娘の輿《こし》入れをもって和睦したのかもしれない。

三戸、八戸両氏が、吉夢に登場した2羽の鶴をあしらった家紋「向鶴」を使い始めた故事が伝わる合戦で、両氏にとって大きな意味を持つはずだが、関連史料はほとんど残されていない。

日本海交易の重要拠点として栄えた十三湊は室町時代に最盛期を迎え、大陸ともつながりを持った。安東氏敗走とともに十三湊は衰退し、南部氏は活用しなかった

（五所川原市教育委員会提供）

永享4（1432）年には、南部氏は十三湊を制圧し、安東氏を蝦夷ケ島《えぞがしま》（北海道）へ追い落としている。この戦いで安東氏は幕府に調停を求め、南部氏には幕府から和睦の命が下されたが、これを断っている（『満済准后《まんさいじゅごう》日記』）。

再交渉があり、結末は記されていないが、最終的には南部氏は安東氏と和睦、十三湊を返還したようである。

嘉吉2（1442）年、安東氏側の記録『新羅《しんら》之記録』によると、三戸南部義政が十三湊を奪い、安東氏はまたも蝦夷ケ島に逃れたという。

今度は幕府による介入もなく、安東氏は津軽の土地を手放した。文安2（1445）年や享徳2（1453）

年に津軽奪還のために出兵するが敗北している。

なお、近年『新羅之記録』は年代の記述を誤っただけであり、十三湊返還はなかったとする説もある。

享徳2年の戦いでは「糠部松館之人数」が蜂起し、津軽の鼻和郡大浦郷（弘前市）に立てこもったという（『新羅之記録』）。

「糠部松館」といえば、現在の青森県八戸市松館が思い浮かぶが、松館の軍勢がどのように大浦郷まで行って立てこもったのかという疑問があり、記述の信憑《しんぴょう》性も含め解釈は難しい。ただ、鎌倉時代には松館にほど近い是川に「安藤三郎」がおり、三戸、五戸、東門《ひがしのかど》など三八地域にも安東氏と思われる一族が広がっていたことは確認できる（「きぬ女申詞書案」）。

松館と安東氏との合戦の関わりでもう一つ重要なのが、大慈寺である。応永17年の戦いの後、八戸氏は諜報《ちょうほう》で活躍したとされる僧侶に寺院を与えて本拠地・根城から離れた松館に大慈寺を創建し、これを菩提《ぼだい》寺として厚く信仰していく。

安東氏の一族

安東氏も、南部氏と同じように同族が多く存在する。室町時代は、十三湊を本拠とした下国氏、秋田を拠点としたと考えられる上国氏、下国の一族で後潟（青森県青森市）が本拠の潮潟《うしおがた》氏などがいた。戦国時代には湊氏と檜山《ひやま》氏がおり、両氏は後に争い、最後には檜山氏が安東氏を統一する。安東氏は天正18（1590）年ごろから秋田氏へと名前を変え、江戸時代には三春（福島県三春町）の大名となる。

下北に勢力伸ばす八戸氏

田名部合戦

滝尻侑貴

嘉吉2（1442）年、南部氏は安東氏を蝦夷ケ島《えぞがしま》（北海道）に追い落とし、三戸南部氏が津軽を、八戸南部氏が田名部（青森県下北半島）を支配地とした。このとき、安東氏の一族潮潟師季《うしおがたもろすえ》（後の政季）を捕虜としたが、捕らえたのは八戸氏だったのか、師季は八戸に連行されている。南部氏はここで師季を「安東太」と名乗らせて田名部の領地を与え（『下国《しものくに》伊駒安陪姓之家譜』）、傀儡《かいらい》とした。十三湊（同五所川原市）陥落の際に蝦夷ケ島に逃れた宗家《そうけ》がいるにもかかわらず、宗家を示す「安東太」を師季に名乗らせたのは、安東氏宗家が南部氏に臣従したと周囲に示す狙いがあったと考えられる。

しかし宝徳3（1451）年、蝦夷ケ島の安東氏宗家が滅亡すると、享徳3（1454）年に師季は家臣の武田（蠣崎《かきざき》）信広、相原政胤《まさたね》、河野政通らと共に脱走し、大畑（青森県むつ市）から船で狄之島（北海道）まで逃れたという（『下国伊駒安陪姓之家譜』）。師季は後に秋田に渡って檜山《ひやま》安東氏の祖となり、子孫は戦国時代を通じて南部氏と対立していく。

八戸南部政経は長禄元（1457）年、田名部の蠣崎城主蠣崎蔵人《くらんど》を成敗するため出陣した（『八戸家伝記』）。成敗の理由は詳しく記されていない。

『源氏南部八戸家系』では、蔵人が在京勤番を怠り、乱暴狼藉《ろうぜき》を働いているとして、後花園天皇が討伐を命じたと記すが、これは誇張だろう。同書の早い段階で作成された

陸奥湾を望む小高い山にあった蠣崎城（錦帯城）。跡地には蠣崎蔵人の供養塔が立っている
＝むつ市川内町蛎崎

版（「清書本」と呼ばれる）には、この記事はない。『北部御陣日記』では、後村上天皇の血を引く北部王家が田名部におり、これを蔵人が滅ぼしたため討伐令が下ったと記す。ただし、同書も物語風で誇張が多いものである。

いずれにしても、八戸氏は合戦後に田名部の直接支配を強め、江戸時代初期の当主清心尼《せいしんに》の頃まで領有し続ける。

八戸氏はこの戦いの褒賞として、奥州探題《たんだい》大崎教兼《のりかね》から、一族・家臣の官位を推挙する文書20通を与えられている。当主ではなく、20人もの家臣に官位が与えられるのは異例である。官位は本来、探題や幕府を通して朝廷からもらうが、このときはあくまで奥州探題の権限で官位の自称を認めたものとの見方がされている。例えば家臣の西沢氏は、名前に「川」の字を持つ敵将3人を討ち取ったため三河（川）守を賜ったという記事もあるため、官位名は八戸氏側からの要望だったと考えられる。

『青森県史　通史編1』では、この「蠣崎蔵人の乱」について疑問を呈している。八戸氏系図の形成過程では、この出来事が途中から盛り込まれたことを理由に、本来は師季渡海から続く田名部での安東氏勢一揆だったのではないかとする。筆者としても同様の考えで、蠣崎蔵人個人の反乱というよりは、安東氏の領地奪還を背景とした蜂起だったのではないかと思われる。この際、蠣崎城周辺の蜂起はもとより、蝦夷ケ島からの派兵もあったと考えられる。そうすると、推挙状は、田名部が八戸氏の領地となったことの正当性を主張する権威付けのため、発給を願ったと捉えることもできる。

　さて、蝦夷ケ島から本州に戻った安東氏だが、南部氏に奪われた旧領の奪還を諦めたわけではなかった。応仁2（1468）年、熊野那智大社（和歌山県那智勝浦町）にささげた祈願文で、回復したい旧領として「津軽・外浜《そとのはま》・宇楚里鶴子遍地《うそりつるこへち》」を掲げている。

「宇楚里鶴子遍地」については議論があり、これまでは「宇楚里」「鶴子遍地」と分け、それぞれ田名部と不明な場所（野辺地という説も）としていたが、近年は続けて「ウソリケシペチ」と読み、「ウスケシ」と呼ばれた函館付近とする説もある。筆者としては後者を推したい。『諏訪大明神画詞』でも「宇曾利鶴子別」という地名が、松前の古名と並んで記され、函館に比定されている。

　南部氏に取られた津軽、外浜と、「コシャマインの戦い」を含む、康正2（1456）年ごろから約半世紀以上も続くアイヌの反乱で失った函館付近の領地奪還を祈願したと考えられる。

蠣崎方の顔触れ

　『八戸家伝記』によると、蠣崎蔵人との戦いで、八戸方が討ち取った人物には、蠣崎一族の他に天魔舘、浅川、石川、早川、甲斐田、七戸、大畑、熊谷がいる。この中に七戸氏の一族が含まれているが、七戸氏は「戸《へ》」の領主の中で下北に一番近い領地を治めていたため、田名部の蠣崎氏とも交流があったということを示しているのかもしれない。

系図の記載 連歌が証明

実在した三戸当主―信義

熊谷隆次

従来の研究の中で、戦国期当時の確実な史料に基づき、実在が確認されていた三戸南部氏の当主（家督）は、16世紀後半の南部晴政、信直だけであった。

しかし近年、三戸氏関係の新史料が発見・紹介され、また既出史料の見直しも進んでいる。こうした環境下で、晴政以前の室町・戦国期の当主について、何人かの実在を実証できるようになった。この項では、このうち南部信義の実在を確かめたい。

中世連歌史の研究者島津忠夫氏により初めて紹介され、後に斉藤利男氏（弘前大学名誉教授）によって戦国期三戸氏の解明に寄与する貴重な史料として評価されたのが『卜純句集《ぼくじゅん》』である。卜純とは、15世紀後半に活躍した著名な連歌師宗祇《そうぎ》の高弟の一人である。『卜純句集』はその卜純の連歌集で、永正4（1507）年ごろに三戸（青森県三戸町および周辺）に滞在して詠んだ句がいくつか収められている。

その中に「梅仙《ばいせん》といひし人の追膳（善）に」という前書《まえがき》が付された句がある。島津氏により、この「梅仙」が、没後「梅仙芳公」の戒名を付けられた南部信義であることが明らかにされた。この前書の後に、「あと（跡）つ（継）がぬ名残や夢路雪の友」「うづもれぬその名や匂ひ雪の梅」という追善の発句《ほっく》が続くが、この2句が重要である。

近世の系図によれば、信義の没後、その系統は絶え、弟政康が家督を継承したとされている。「あとつがぬ」は、系図の正しさを伝えている。また、卜純が、三戸家で開催された連歌会《れんがえ》で、梅仙のために哀悼の意を込めた追善句を詠んでいる様子からは、信義系から政康系への転換が、家督継承を巡る内紛を機に起こったものでなかったことまで知ることができる。信義は嫡子《ちゃくし》がおらず、疱瘡《ほうそう》（天然痘）で逝去したとされているが、その可能性は高い。

永正11（1514）年の成立とされる『奥州余目《あまるめ》記録』によれば、陸奥国を管轄する奥州探題《たんだい》大崎教兼《のりかね》は、「南部修理太《しゅりのだい》（大）夫《ぶ》」宛ての文書を発していた。また、『和簡礼経』によれば、室町幕府10代将軍足利義材《よしき》（後の義稙《よしたね》）は延徳2（1490）年、大鷹1羽と馬2頭の献上に対する礼状（御内書《ごないしょ》）を「南部修理大夫」宛てで発していた。系図によれば信義は官途名を「修理大夫」といい、明応期（1492〜1501年）に家督を継ぎ、文亀元（1501）年、父に先立ち疱瘡で病死したとも、同3（1503）年に没したともいう。

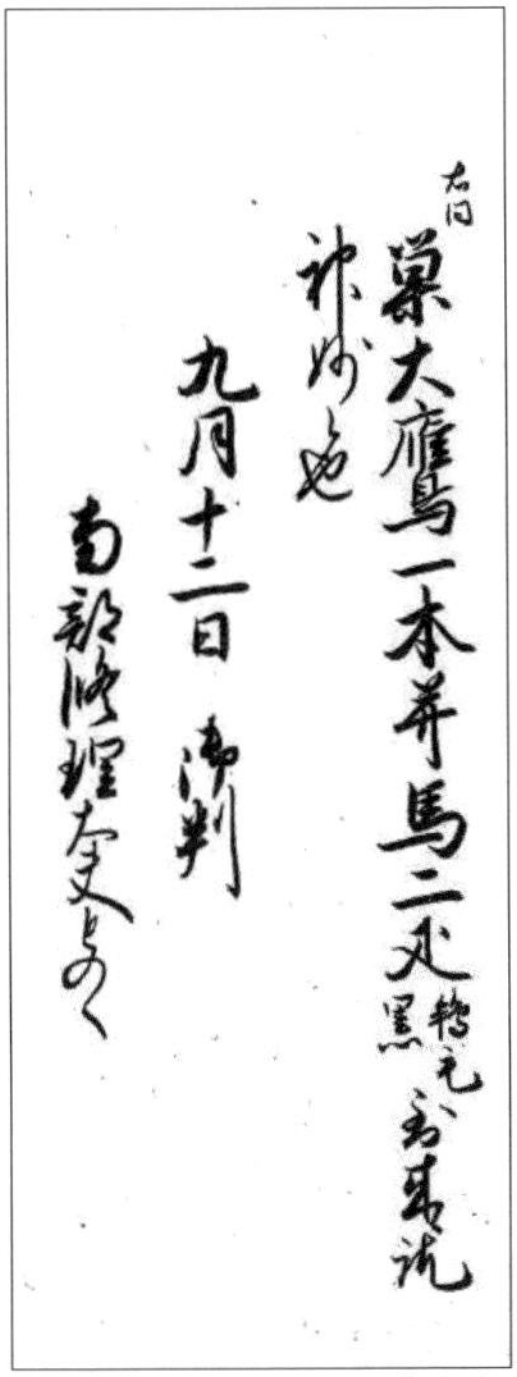
右同
巣大鷹一本并馬二疋
神妙也
九月十二日　御判
南部修理大夫とのへ

『和簡礼経』上より、「南部修理大夫宛足利義材御内書」。大鷹1羽と馬2頭が贈られたことに対する礼状である（東京大学史料編纂所所蔵影写本）

『奥州余目記録』『和簡礼経』が記す「南部修理大夫」は、明応期およびその前後の人物であるため、「南部修理大夫」を南部信義に比定して誤りはない。

鷹や馬の献上行為は臣従礼を意味するため、信義が足利義材に臣下の礼を取っていたことが判明する。

信義が家督にあった頃の明応2（1493）年、足利義材は、管領《かんれい》細川政元のクーデターにより将軍職を逐《お》われた（明応の政変）。以後、将軍は管領の傀儡《かいらい》と化し、また将軍権力のおよぶ範囲は畿内に縮小し、全国政権としての幕府はその機能を終えた。この「明応の政変」を、戦国時代の始期とする有力な学説がある。義材と好誼《こうぎ》を通じていた遠国の領主三戸氏は、この中央政界の激動の中で、地域権力として発展していくことになる。

15、16世紀の三戸南部氏略系図

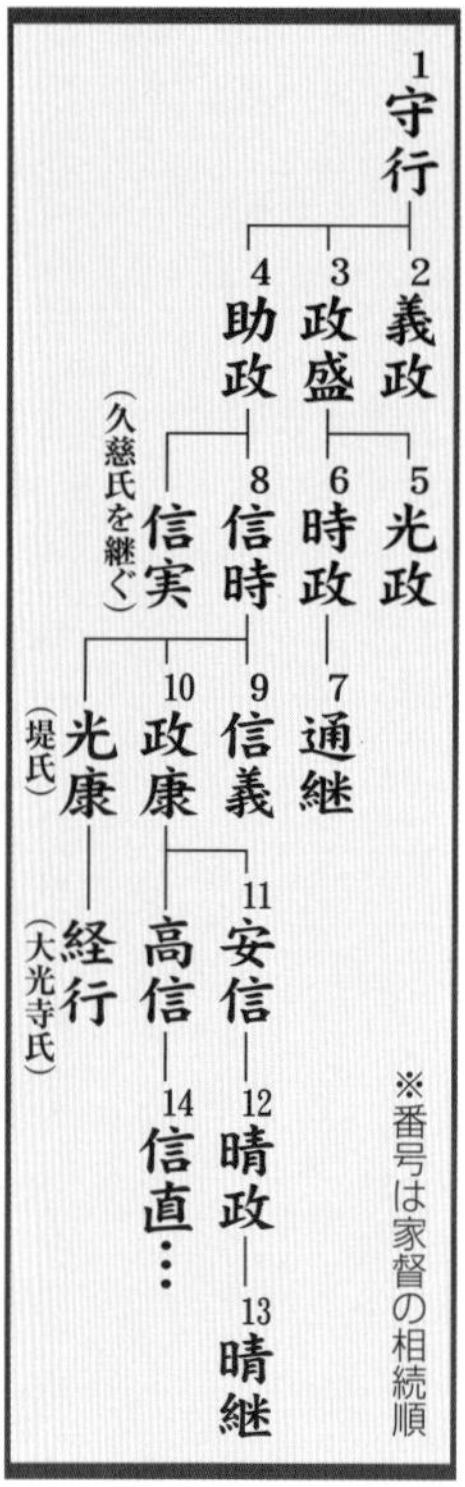

（系図によって異同あり。『参考諸家系図』を基に作成）

官途を望む大名たち

「官途」とは、朝廷から任命される官職のことである。室町時代には名目化したが、自己の地位を引き上げ、周囲の大名に対抗するため、四位《しい》相当の四職大夫を望む大名が増えた。奥羽では、奥州探題大崎氏（左京大夫）と肩を並べようと、南奥の蘆名氏、白河氏が「修理大夫」に任じられた。北奥では修理大夫任官は南部信義だけであり、その勢威を知ることができる。

実在した三戸当主ー信時

鍵握る正月の作法書

熊谷隆次

「実在した三戸当主ー信義」の項で、永正4（1507）年ごろの連歌集『卜純《ぼくじゅん》句集』から、三戸南部氏当主として南部信義が実在したことが確認されたことを記した。それでは、信義の父、または先代当主は誰であろうか。

近年、戦国期三戸氏の正月儀礼を伝える史料として、斉藤利男氏により再評価されたのが「古代三戸年頭御規式之事」（『奥南旧指録』収録、以下「規式」）である。なお、作成時期は、戦国末期の天正15（1587）年ごろ、南部信直の時期と推定されているが、江戸時代の『奥南旧指録』編さん者が考察して書き加えたと考えられる注釈部分を除いて検討し直す必要がある。年代はさらにさかのぼり、ここから戦国初期三戸氏の系譜を復元することが可能になる。

「規式」は、正月元日、「御父子連」で居館・聖寿寺館《しょうじゅじたて》（青森県南部町）近くの報恩寺へ仏参に行くと記す。また、一族・譜代らが三戸家に参上する正月2日、「久慈ハ南部二男、家督殿様御指合ノ時ハ御名代也」と記している。この二つの文が、年代確定の鍵となる。

正月元日の「御父」は、正月2日の「家督」（三戸家当主）と同一人物である。その「御父」が子と連れ立って報恩寺へ仏参に行くとあえて記しているのは、この「規式」が、「御父」が「家督」の時期に作成されたことを示す。

また、正月2日、久慈氏は三戸氏の「二男」であるため、「家督」に差し障り（「指合」）があるときは「名代」を務める、としている。「規式」が、三戸氏の「二男」が久慈家の嗣子《しし》に入り、同家の当主となっていた時期に作成されたことは確実である。

系図によれば、久慈氏を継いだ三戸氏の「二男」とは、南部助政の次男信実のことで、その兄は信時とされている（『系胤譜考《けいいんふこう》』）。また、実在が確認できた信義の実父はこの信時で、三戸南部通継の後を継いで、三戸氏当主になったとされる。信義、信実の実在が確かである以上、信義の実父、また信実の兄として南部信時が実在したことは確かであろう。信時の没年は、文亀元（1501）年とも、同3（1503）年ともされている。

「規式」の成立時期はいつか。これは、「家督」に該当する人物を確定させることで判明する。正月元日の仏参時の「御父子連」の「子」は嫡子《ちゃくし》と考えられ、若年者であることが暗示されている。

正月2日、名代を務めるのが「二男」の南部信実であったのは、嫡子が若年である一方、信実が「名代」にふさわしい年齢かつ器量の持ち主であったからである。若年と推定される「子」とは信実のおい信義のことで、「御父」は信義の父信時であろう。「規式」は、信時が「家督」の時期に成立したと考えられる。

正月5日、三戸氏は年始の連歌会《れんがえ》を開いていた。場所は聖寿寺館であろう。かつて三戸氏には「絹本著色宗祇像《けんぽんちゃくしょくそうぎ》」（国重要文化財）が相伝されていた。上洛《じょうらく》した当主が当代随一の連歌師宗祇と交流を深め、別離に臨んで贈られたものだという。画賛は、京都の上流貴族三条西実隆が記している。

上洛した当主は信時とも、信義ともされている。連歌は、中世後期を代表する文芸である。この連歌をはじめとする戦国期三戸氏の文芸は、都鄙《とひ》間の文化的交流の中で育まれていたのである。

重要文化財「絹本著色宗祇像(三条西実隆賛)」。宗祇から三戸南部氏へ贈られたとされ、両者の交流がうかがえる(国立歴史民俗博物館所蔵)

絹本著色宗祇像

三戸南部氏に伝来した連歌師宗祇の肖像画。宗祇から贈られたものとされる。肖像画に記されている「雲なき月の」「さ夜まくら」で始まる宗祇の二つの付句は、明応4(1495)年成立の『新撰菟玖波集《しんせんつくばしゅう》』に収められている。三条西実隆は『実隆公記』でこの年の4月9日、宗祇の肖像画に画賛を記したとする。宗祇の肖像画は、同年ごろ、三戸氏へ贈られたものであろう。

所領拡大する「家督」

信時と家中

熊谷隆次

文明15年~明応期（1483~1501年）ごろ、三戸南部氏の当主は南部信時である。この信時期の年頭行事を記した「古代三戸年頭御規式之事」（『奥南旧指録』収録、以下「規式」）からは、戦国初期の三戸家臣団（家中《かちゅう》）を復元することができる。

①一門…北氏、東氏である。両氏の起源を確定することは困難だが、15世紀ごろには推測可能となる。北氏については、「剣吉《けんよし》殿」と称された五戸の名族剣吉（工藤氏、北氏）左衛門五郎の妹と南部信義（信時の嫡子《ちゃくし》）との間に生まれた子が、北家を継いだとされる。東氏については「名久井《なくい》殿」（工藤氏、東氏）に南部時政（信時の先々代）の子政常が入嗣《にゅうし》したとされている。共に「殿」付けで尊称される有力庶流であった。

②家之子…3人いたが、「規式」はその名を記していない。「規式」を要約したと考えられる「南部御家中御作法」（『南部耆旧伝』）は、福士、津嶋、安芸（奥瀬）の3氏としている。

③老中…桜庭、近江（佐藤氏か）、伊賀（石井）、越後の4氏である。

④内衆…戸来、又重、中市、石沢、五戸、新田《にいだ》の6氏で、いずれも五戸に所領を持つ。

⑤外様…10氏あったが、「規式」はその名を記していない。「南部御家中御作法」は、六戸に所領を持つ洞内、沢田、切田、米田、滝沢、伝法寺の他、人馬別《とまべち》（苫米地）、福田、浄法寺、葛巻の諸氏とする。

三戸氏の所領は元々、居城・聖寿寺館《しょうじゅじたて》（青森県南部町）が所在した三戸だけであろう。しかし、五戸南端周辺に「一門」を配置することで五戸での足場を築き、さらに五戸北部の領主をも取り込み「内衆」に編成することで、五戸全域を掌握した。その後も北進を行って、六戸の領主を「外様」に編成するとともに、糠部郡《ぬかのぶ》（青森県東部、岩手県北）南端にも領土を拡大し、「外様」層をさらに拡大した。三戸氏の所領拡大と家中の形成を、このように復元できるであろう。

15世紀末ごろの糠部郡における南部氏勢力図

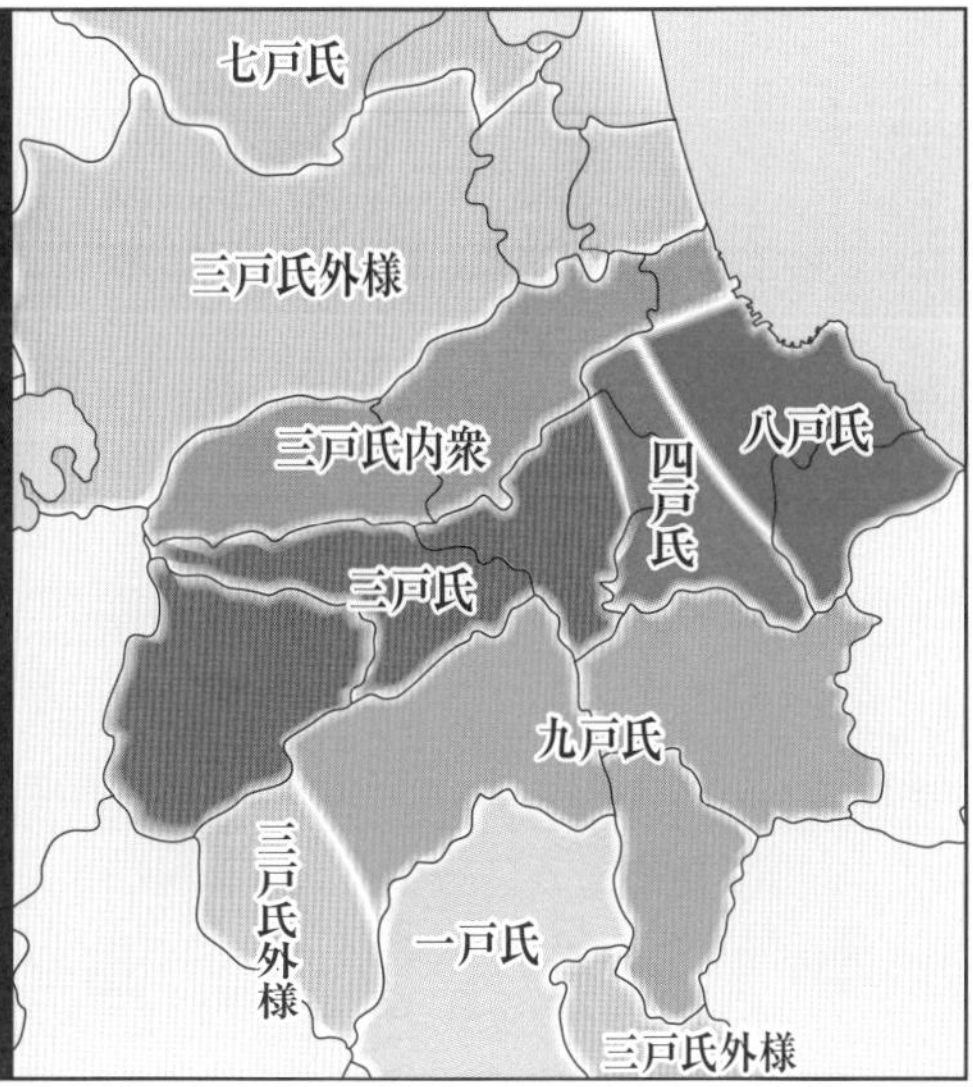

＊実線は現在の市町村の境界

なお、本拠地・三戸に所領を持つ家臣は、宿老（老中）の桜庭氏、石井氏が推定されるだけで、その他を「規式」は記していない。江戸時代初期、盛岡城下へ移らず、三戸に残って三戸城に配属された「三戸給人《きゅうにん》」が60人いた（寛永15年＝1638年「三戸八戸御給人方武具人数」）。これが、本来の三戸譜代であろう。貝守、袴田、玉懸、川守田、梅内、川村、泉山、赤石、上野、小向ら、三戸内の地名を名字とする諸氏である。

なお、正月元日、「一戸殿」「四戸殿」「九戸殿」は福士氏を奏者（案内役、取次役）とし、翌2日は「七戸殿」「八戸殿」が奥瀬安芸を奏者として、「家督」南部信時に御目見を行っていた。「殿」付けで尊称され、また奏者が御目見を取り次ぐなど、丁重に待遇された彼ら「戸《へ》」の領主は、三戸氏の家中に属さない、独立した領主であった。明応4（1495）年時点での八戸氏の当主は「南部河内守行吉」（『三翁昔語《さんおうせきご》後編』）であったことが判明している。

「戸」の領主のうち、九戸氏、四戸氏は共に、本来「小笠原」を名字としていたとされる。しかし、寛正3（1462）年、「奥州ぬかのふ（糠部）なんふ（南部）一族」（「米良《めら》文書」）と称されたように、糠部郡内の「戸」の領主は皆「南部」を名字とするようになり、三戸氏を家督として推戴する「南部一族」を形成していた。

室町後期の行政区域

室町後期、三戸氏の所領の行政区域は、「郡」—「戸」「門《かど》」「浜」—「郷」の構成を取っていた。また、天台寺（岩手県二戸市）への「源家行寄進状写」に「鼻和郡目谷内目谷川・田代二ヶ村」とあるように、「郷」の下には「村」があった。なお、「津軽鼻和郡」「奥州南部糠部郡」と表記されるように、津軽、南部は、複数の「郡」によって構成される広域地名となっていた。

郡単位で一族配置

戦国争乱の始まり

熊谷隆次

『新撰菟玖波集《しんせんつくばしゅう》』が、15世紀後半に活躍した連歌師宗祇《そうぎ》らの選句による連歌集であることはよく知られている。成立年代は明応4（1495）年。この連歌集に選句された人々の中に「源経行《つねゆき》」がいた。この源経行が、15世紀後半の三戸南部氏による津軽支配を解明する重要な人物であることが、近年明らかにされつつある。

収録句の作者をまとめた『新撰菟玖波集作者部類』は、経行について「奥州南部遠江守《とおとうみのかみ》」「南部奥州住人」と注記する。陸奥国の住人で、名字は「南部」、官途名は「遠江守」である。

この経行は、三戸氏の系譜に当主信時の四男光康（康時）の子として記載されている。光康は糠部《ぬかのぶ》郡北門《きたのかど》田子城（青森県田子町）城主となり田子氏を興したが、後に津軽郡代となって津軽外浜《そとのはま》の堤浦（同青森市）に移り、堤氏（弾正左衛門《だんじょうざえもん》）に改称したとされる。あるいは、最初の津軽郡代は信時の弟行実（遠江守）で、その跡を光康が継いだともいう。史料によって記述に異同はあるが、光康の子が「南部遠江守経行」で、『新撰菟玖波集』に載る「源経行」「奥州南部遠江守」と同一人物であることは間違いない。

経行は、堤浦から津軽平賀郡大光寺城（青森県平川市）に移り、大光寺氏を興したとされる。『永禄日記』は、文亀2（1502）年、津軽安東方の大光寺城を陥落させた南部方の武将の名を「遠江守」と記し、その子孫は「左衛門」を名乗り、世襲で平賀郡

15世紀後半における三戸南部氏の津軽支配

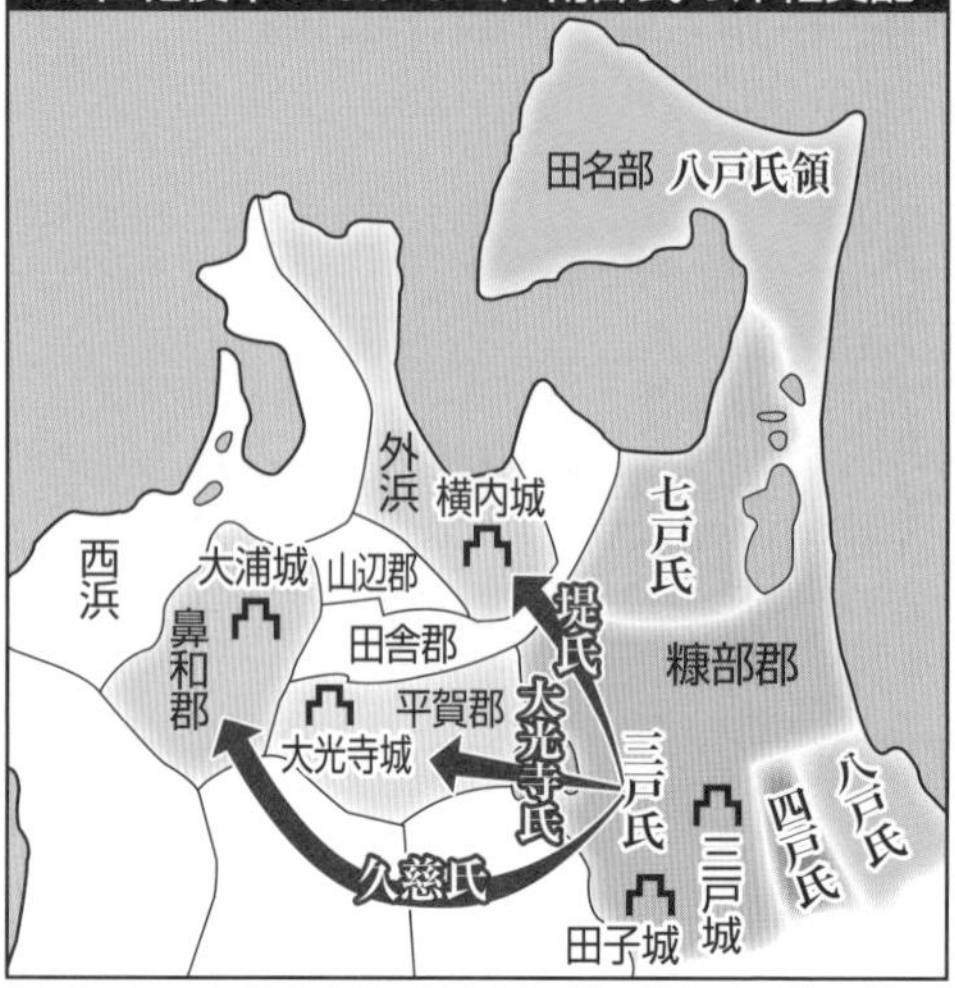

＊小林清治・大石直正編『中世奥羽の世界』付録の地図に加筆・修正。郡境は推定

の郡主になったとする。大光寺氏の系譜によれば、経行の子孫は「左衛門佐《さえもんのすけ》」を称したとしているため、一定の事実を伝えている可能性がある。

中世の津軽は、内陸部を中心に展開する鼻和、田舎、山辺、平賀の4郡と、津軽半島の外浜、西浜に区分され、室町時代前半までは安東氏（下国《しものくに》氏）の所領であった。しかし、15世紀中ごろ、安東氏は三戸氏との抗争に敗れて蝦夷ケ《えぞが》島《しま》（北海道）へ逃れ、津軽全域は三戸氏の手に落ちた。この三戸氏による津軽支配の一連の流れの中に、経行の大光寺城進出がある。

なお、外浜には戦国末期まで「堤弾正左衛門」を世襲名とする横内城（青森市）の城主が存在した。このため、堤光康の嫡流《ちゃくりゅう》（弾正系）は、15世紀後期から横内城主として世襲で外浜の支配に当たったことが分かる。そして、経行（遠江守系）は、その庶流として大光寺城へ移り、平賀郡を支配したとみて間違いない。

信時には、もう1人の弟信実（行実の兄）がおり、久慈郡（岩手県久慈市）の郡主久慈氏嫡流を継いだ。実質的に久慈氏の乗っ取りであり、信時の勢力拡大策の一環である。

なお、久慈氏嫡流の官途名は「備前守《びぜんのかみ》」であったが、一族に「信濃守」を名乗る系統がいた。この信濃守系久慈氏は延徳3（1491）年、津軽に移って大浦城主となり、鼻和郡を支配したとされる。後に、この家系に入った大浦（津軽）為信が弘前藩の祖となる。

信時の所領支配政策は、本拠糠部郡（青森県東部、岩手県北）の周辺に「郡」単位で一族を配置し、城代《じょうだい》（城主、郡主）の地位を世襲させるのが特徴であった。室町幕府権力に依存せず、自立したこの所領支配体制を構築した信時の時期、15世紀末から16世紀初頭を、「北奥の戦国時代」の始期とみることができる。

『新撰菟玖波集作者部類』の「源（南部）経行」部分。2句選ばれ、「奥州南部」の者との説明が記されている（国文学研究資料館所蔵）

津軽の慶卜法師

『新撰菟玖波集』の編者宗祇は、三戸南部氏当主（信時または信義）の連歌の師である。この連歌集に三つの句が収められている慶卜《けいぼく》法師について、『新撰菟玖波集作者部類』は「奥州南部住」「奥州津軽」と注記する。源経行、慶卜法師は共に同じ頃、上洛《じょうらく》し、宗祇に師事していたと考えられる。経行と津軽との関係を示している。

深い信仰 背景に飢饉

安信と糠部の人々の祈り

熊谷隆次

三戸南部氏は安信の時代に「戦国大名」へ成長を遂げたとされるが、安信のことを記した戦国期の古文書は1点も発見されておらず、その実在は不明であった。

しかし近年、島津忠夫氏により安信の実在が確定された。戦国初期、三戸を訪れた連歌師卜純《ぼくじゅん》が編んだ連歌集『卜純句集』がある。これに、「南部源安信代はしめ（始）の一座に」という貴重な文言が記されており、先々代の信義と同様、安信もこの連歌集から実在が明らかになった。

安信の家督就任年代はいつか。近世の系譜では、永正4（1507）年とする。『卜純句集』には「梅仙《ばいせん》といひし人の追膳《（善）》に」という前書《まえがき》を付した句が収められている。「梅仙」は信義であり、一部の系譜はこの信義の没年を文亀元（1501）年とする。追善を信義の七回忌とすると、安信の家督就任年代は永正4年になり、系譜と一致する。「代はしめ（始）」とは、家督の就任の年となる。

安信の父は、前当主の政康とされている。政康は兄信義の死後、家督を継いだとされるが、その名を記す同時代史料は存在しない。ただし、安信の「代はしめ（始）」が、信義の七回忌以後であるため、信義と安信の間にもう一人当主がいたことは確実である。政康の実在の可能性は高い。

永正元（1504）年、「永正の飢饉《ききん》」が起こった。高雲寺（青森県五戸町）の由来

16世紀初頭における三戸南部氏の当主交代

当主	家督継承年	
信義		▶江戸時代の系譜によると明応期（1492～1501年）に家督就任 ▶永正４年に「梅仙芳公」（信義の戒名）の追善供養（七回忌か）
政康（信義弟）	文亀元（1501）年	▶系譜では嫡子のいない信義の没後、跡を継いだとされる ▶名前を記した同時代史料は存在しない
安信（政康嫡男）	永正４（1507）年	▶永正４年に家督就任（『卜純句集』） ▶系譜は大永５（1525）年死去とするが、黒森神社（岩手県宮古市）の天文10（1541）年の棟札に「南部右馬允（うまのじょう）源安信」と記され、事実であればこの時点でも存命だったことになる

に「大飢饉、人民死る事、道路に臥、餓死」とあるように、五戸も甚大な被害を受けた。八戸では480人が死去したという。なお、永正4年、高雲寺は、南部政康と餓死者の供養を行ったとする。政康の実在と永正4年の死去、同年の安信の家督就任は、正しいと判断される。

永正9（1512）年、観光上人《しょうにん》という僧は一戸の鳥越観音堂、二戸の朝日観音堂、三戸の隅ノ《すみの》観音堂、恵光院《けいこういん》、七戸の見町《みるまち》観音堂など、奥州糠部《ぬかのぶ》（青森県東部、岩手県北）三十三所に参詣して荘厳な巡礼札を納めた。巡礼札に「こゝ《こ》も浄土にもるゝ《る》事なし」とあり、現世利益を願う観音信仰と来世に救いを求めた浄土信仰は融合していた。

大永5（1525）年、五戸・戸来村（青森県新郷村）に住む修験《しゅげん》（山伏）の「さか見（相模）」は、天台宗本山派修験の本山である京都聖護院《しょうごいん》院家《げ》の若王子乗々院《にゃくおうじじょうじょういん》から、「奥州南部殿知行之内」の「糠部之郡中」の人々が、この世の浄土として信仰を集めていた熊野参詣に赴く際の先達《せんだつ》（案内役）を任命された（「多門院《たもんいん》文書」）。京の商人坂東屋富松《ばんどうやとまつ》氏が、これを保証していた。

この時期、糠部郡の人々が浄土信仰に求めたものは、来世での阿弥陀仏の救いであった。その背景に、「永正の飢饉」があったことを読み取ることができる。文化的・宗教的復興の根底には、平穏に対する糠部の人々の切なる願いがあったことを認識する必要がある。安信の治世始めの永正〜大永期（1504〜28年）、戦争の記録はほとんど見られない。

大永元（1521）年、室町幕府12代将軍に足利義晴が就任した。義晴治世初期の大永年間、政権中枢にいたのは管領《かんれい》細川高国で、政権安定のため奥羽の武家と連携を進めた。高国がこの時期、南部氏（安信）の他、伊達氏、葛西氏らへの書状に「謹上《きんじょう》」「殿」付けの厚礼な様式を用いていたのはこれに起因するであろう（『伊勢加賀守《かがのかみ》貞満筆記』）。坂東屋富松氏、卜純は共に、この高国と深い関係を持つ者たちであった。

■ 卜純の足跡

連歌師宗祇《そうぎ》門下の肖柏《しょうはく》が、卜純出立の際に詠んだ句の前書に「卜純法師、赴奥州」（『春夢草』）とある。卜純の旅は、明確に奥州を目指していた。卜純は南部領に入ると、岩手山、桂清水（天台寺）、三戸、津軽外浜《そとのはま》の順で進み、外浜からは蝦夷ケ島《えぞがしま》（北海道）の松前へ渡った。その後は南部領へ戻り、津軽鼻和郡深浦を経て帰京したと推定される。卜純の足跡は、戦国期南部領内に所在した名所を今に伝えている。

連合して各自が成長

三戸氏と「戸」の領主

熊谷隆次

「安信と糠部《ぬかのぶ》の人々の祈り」の項で記したように、三戸南部氏当主安信の治世に当たる大永5（1525）年、五戸の戸来（青森県新郷村）に住む本山派修験《しゅげん》（山伏）の「さか見（相模）」は、「奥州南部殿御知行」のうちの「糠部之郡」から熊野参詣へ向かう人々の先達《せんだつ》（案内役）を認められた（「多門院《たもんいん》文書」）。戦国期の五戸は三戸氏の所領であるため、この史料から糠部郡（青森県東部、岩手県北）の主「南部殿」が三戸氏であったことが判明する。

なお、糠部郡では、三戸氏の他、一戸、四戸、七戸、八戸、九戸の各氏が成長していた。拠点とした地を名字とする彼らを近年、「『戸《へ》』の領主」と呼称することが菅野文夫氏（岩手大学教授）により提唱され、定着しつつある。

八戸氏について、『源氏南部八戸家系』は永正5〜享禄3（1508〜30）年の家督を治義《はるよし》とする。近年、「源治義（花押）」と自署した永正元（1504）年の詩歌が「南部光徹《こうてつ》氏所蔵文書」の中から発見され、実在が確かめられた。

永正7（1510）年、南部氏の氏神である櫛引八幡宮（青森県八戸市）に納められた狛《こま》犬の胎内願文には、願主として「旦那八戸殿　源盛政《もりまさ》」と記されている。治義の没年が享禄3（1530）年とされているため、「八戸殿」は治義であろう。

通常、その地の領主は「大旦那」と記される。「旦那」の文言は、八戸氏が南部一族の惣領家《そうりょう》（宗家《そうけ》）ではなく、その一員として櫛引八幡宮を崇敬していたことを示す。

　また、願文にある「源盛政」とは、八戸氏の有力一族の新田《にいだ》盛政で、治義の妹を妻にしていた。なお、治義にはもう一人、妹がいた。九戸政実《まさざね》の母、つまり政実の父信仲《のぶなか》の妻である。政略結婚は、八戸氏と九戸氏が対等で、それぞれ独立した領主であったことを示す。

　岩手県一戸町にある実相寺《じっそうじ》の由緒書によれば、明応2（1493）年、浄土宗の僧良満《りょうまん》が、京都から南部領に下向し、当時、金田一（岩手県二戸市）にあった同寺の中興開山になったという。その際、寺屋敷を加増した寄進者を「領主九戸殿」と記しているため、九戸氏は15世紀末には、九戸から二戸へ進出していた可能性がある。享禄3（1530）年正月9日には、実相寺3世の圓誉鉄銭《えんよてっせん》が「九戸ノ城」に年賀のあいさつのため登城したと記す。信仲が城主の時期であろう。

　由緒書には一戸氏についても記載がある。圓誉鉄銭が同月13日に「一戸ノ城」へも登

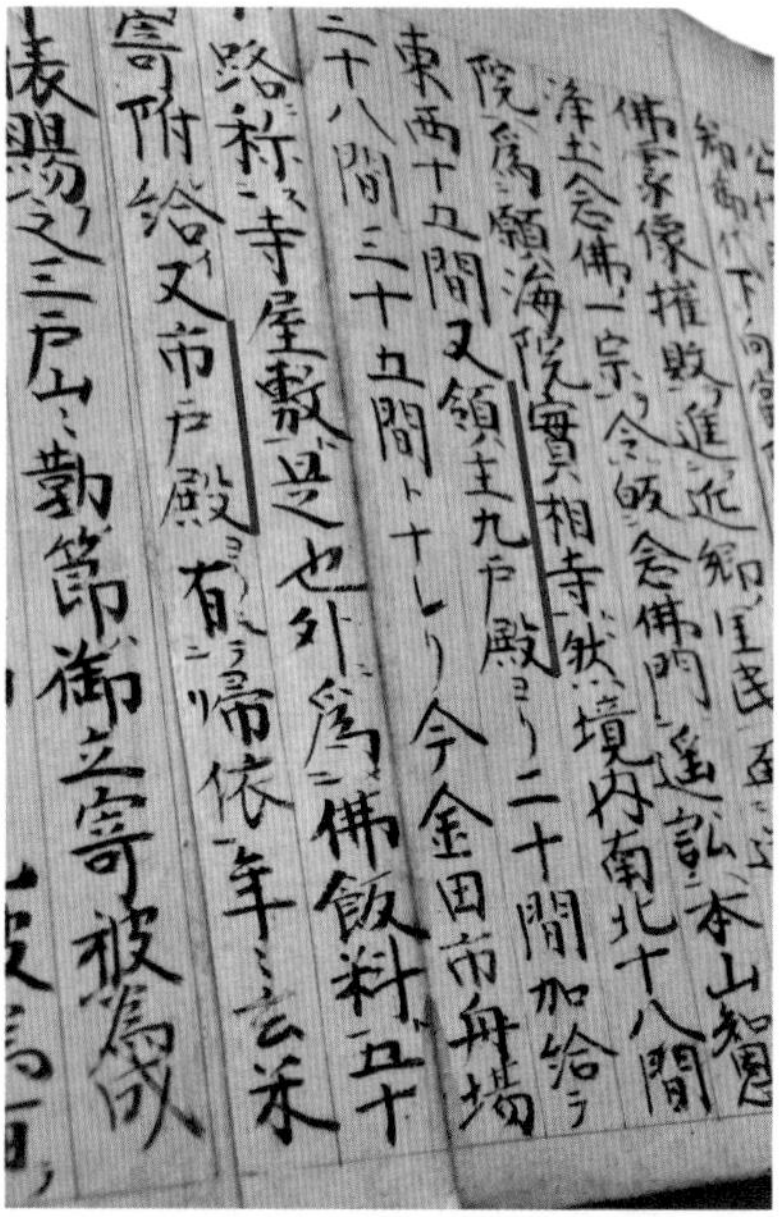
東西十五間又領主九戸殿ヨリ二十間加給フ
二十八間三十五間トナレリ今金田市舟場

実相寺の由緒書。戦国期、金田一にあった同寺が「領主」と呼ぶ九戸氏が、二戸に進出していたことをうかがわせる。「市（一）戸殿」からも帰依を受けていたとある
（実相寺所蔵）

城し、「城主」の「南部（一戸）彦太郎殿」と、実相寺を一戸氏の菩提寺《ぼだい》とする契約を結んだという。

一戸氏の系譜は未詳な部分も多いが、戦国初期には、閉伊郡（岩手県三陸沿岸部）の千徳、江繋《えつなぎ》、野田、岩手郡（同盛岡市および周辺）の荒木田、鹿角郡（秋田県鹿角市、小坂町）の長牛《なごうし》、谷内などに庶流が広がっていた。糠部郡内ではなく、一戸周辺の郡に広範囲にわたって庶流を展開したのが特徴である。天文８（１５３９）年に造営された閉伊郡宮古千徳（宮古市）の羽黒山神社棟札に、大檀那《だいだんな》として「南部源朝臣《あそん》千徳二郎殿」が記されている。「南部」を名字とする一戸氏庶流千徳氏の足跡を確かにとどめている。

室町・戦国期、二戸、五戸、六戸を名字とする領主の存在は、確かな史料から確認できない。五戸、六戸の場合、三戸氏が同地域の領主らを個別に支配下に収め、五・六の「戸」を統一する領主が成長しなかったことが理由であろう。二戸も同様で、九戸氏に掌握された。三・五・六の三つの「戸」を掌握した南部惣領家三戸氏の力は強大となっていた。

■「九箇戸」の一族

「米良《めら》文書」にある貞和 5 (1349) 年の史料に「ぬかのふの内九かんのへよりまいり候たんな（檀那）」と記されている。また、応永 21 (1414) 年の史料には「奥州ぬかのふ南部一族」とある。「九かんのへ」は「九箇戸」のことで、「南部一族」とは、九つの「戸」内に居住する領主であることが示されている。彼らは同じ「南部」を名字とする一族として連合していた。

庶流の創出と対外戦争

「戦国大名」三戸氏の成立

熊谷隆次

室町幕府12代将軍足利義晴の内談衆《ないだんしゅう》（将軍側近）大館尚氏《おおだちひさうじ》の『大館常興日記《じょうこう》』は、天文8（1539）年7月、「奥州」の「南部彦三郎」が上洛《じょうらく》し、義晴から「晴」の1字を下賜されたと記す。三戸南部安信の跡を継いだ晴政である。

なお、この義晴からの「一字拝領」以外、天文期（1532〜55年）、晴政の治世前半期の事績を示す確実な史料はない。江戸期に編さんされた系図・記録類が記す事柄を確認しながら、天文期三戸氏を明らかにしたい。

天文3（1534）年、三戸氏の支配下にあった閉伊郡（岩手県三陸沿岸部）の土豪が挙兵した。これを晴政の叔父高信（安信の弟）が鎮圧したという。天文8年に造営された羽黒山神社（岩手県宮古市）の棟札に「南部源朝臣《あそん》千徳二郎殿」と記されている。千徳氏は一戸南部氏の庶流であり、高信の閉伊郡鎮圧に、一戸氏も協力していた可能性がある。後年、南部一門の東政勝は書状に「九郎殿」（南部信直）の「親父」（高信）は何事も一戸氏と協議したと記しており、両者の結び付きの強さを裏付ける。

高信は、岩手郡北の一方井村《いっかたい》（岩手県岩手町）を支配する一方井安正の娘関を側室に迎えていた。祝言は嫡男《ちゃくなん》信直の誕生（天文15年＝1546年）の前年である。この婚儀を仲介したのは、二戸の「白鳥之城代《じょうだい》」九戸左金吾（九戸政実《まさざね》の叔父）とされる（『祐《ゆう》清《せい》私記』）。

一方井氏は出羽安東氏の一族で、本姓は「安倍」である。貞和5（1349）年に「一のへ（一戸）の一方井の中務《なかつかさ》殿」の名が見え、天文7（1538）年には「一戸住人」つまり一戸南部氏の家臣に「安倍丹後守《たんごのかみ》」がいた（「米良《めら》文書」）。一方井氏は、岩手郡北から一戸まで広く庶流を展開する有力領主であった。一戸、一方井両氏は高信の武力を大きく支えていた。

天文12年、斯波《しわ》郡（岩手県紫波町）の「斯波《しば》御所」斯波氏が岩手郡不来方《こずかた》城（同盛岡市）に侵攻した。このとき、高信は見前《みるまえ》（同市）でこれを破り、和議を結んだという。室町・戦国期、糠部《ぬかのぶ》郡（青森県東部、岩手県北）と斯波郡の間にある岩手郡は、北の南部氏、南の斯波氏による争奪の地で、郡中心部の不来方周辺が南北を分断する「境目」であった。北方への領土拡張を図る斯波氏に勝利した三戸氏は、さらに南下を進めることになる。

同じ年、高信は出羽国安東領（秋田県）へも出陣し、合戦に及んだという（『戸沢家譜』）。高信は、糠部郡北門《きたのかど》田子城（青森県田子町）の城

南部安信を供養する仏塔・宝篋印《ほうきょういん》塔。安信の戒名「悦山怡公」と、「廿三代太守右馬允《うまのじょう》安信公」の文字が刻まれている。年代不明＝南部町小向

主に任じられて田子氏を称した。同じく安信弟の信房（石亀氏）も北門の石亀城（同町）に、信次（毛馬内《けまない》氏）は天文期に鹿角郡毛馬内城（秋田県鹿角市）に入った。安信の弟らの北門、鹿角郡への配置から、天文期の安東領侵攻は事実であろう。

天文期ごろ、南部領の津軽でも反乱があり、これも高信が鎮圧したとされる。従来、津軽は各郡に郡代を置いて個別に支配していた。この個別支配方式の弱点克服と安東氏への防御のため、高信が津軽全域の統括者として要衝の平賀郡石川城（青森県弘前市）に配置され、支配の再編・強化が図られた。この後、高信は石川氏を称した。

南部信時期の三戸「家中《かちゅう》」（家臣団）の形成を踏まえ、安信期の有力庶流の創出、晴政治世初期における独立領主（一戸氏、一方井氏ら）の服属と隣郡への領土拡大戦争。この南部安信と晴政の時代、三戸氏は「戦国大名」化を遂げたのである。

「戦国大名」の定義

戦国期の地方の有力領主を指す「戦国大名」は当時の言葉ではなく、研究上の学術用語である。①自己の「家中」を持ち、②領国を排他的・一円的に支配し、③周縁の独立領主を服属させている―これらが「戦国大名」概念の要件とされる。小規模な独立的領主については、旧来の「国人《こくじん》領主」に対し、近年、「地域的領主」「戦国領主」「国衆《くにしゅう》」などの用語が提唱されている。

「境目」争う有力庶流

五戸浅水城主南信義

熊谷隆次

三戸南部安信には、田子高信、南信義、石亀信房、毛馬内《けまない》信次という4人の弟がいた。このうち、高信、信房、信次の3人は、出羽国安東領（秋田県）侵攻のため、三戸（青森県三戸町および周辺）西方の北門《きたのかど》と鹿角郡（秋田県鹿角市、小坂町）に配置された。しかし、信義だけは、三戸の北方にある五戸の浅水村（青森県五戸町）に配置された。

三戸南部氏は室町時代の初めごろ、五戸、六戸進出の足掛かりとするため、五戸南端に勢力を持つ「剣吉《けんよし》殿」や「名久井《なくい》殿」（共に工藤氏）に子息を養子入りさせ、また「南部」の名字を与えて一族に組み込んだ。後の北氏、東氏である。しかし、東氏が、安信の跡を継いだ晴政から「東殿」と「殿」付けで呼称されていたように、戦国期、庶流の両氏は、惣領《そうりょう》家の三戸氏から一定程度、自立した領主として存在していた。

南氏の居城・浅水城は、糠部《ぬかのぶ》郡（青森県東部、岩手県北）を縦貫する主要幹線（後の奥州街道）のうち、七戸—三戸間の中継地点に位置する。天文期（1532～55年）に津軽で大規模な反乱が起こる中、安信は、自立化を進める北、東両氏のけん制と北方警《けい》固《ご》のため、南氏を五戸に配置したと考えられる。

なお、南信義および石亀信房、毛馬内信次の実名《じつみょう》の上の字は、いずれも「信」である。この「信」の1字を安信が下賜したことはほぼ確実で、新たに創出した庶子家を三戸氏の権力基盤とした。

斗賀神社は、江戸時代まで「斗賀霊現堂」などと称され、別当は佐々木氏が務めた。戦国期、斗賀村を支配した南氏家臣佐々木氏の系譜に連なる者だろう＝南部町斗賀

南信義は、娘を剣吉城（青森県南部町）城主北信愛《のぶちか（のぶよし）》の正妻に入れ、手を結んでいた。しかし、弘治2（1556）年、南氏が北氏の剣吉城を攻撃したため、両家の提携は崩壊。根城（同八戸市）城主八戸氏の一族筆頭新田《にいだ》行政《ゆきまさ》の加勢を得た南氏が勝ちを収めた。新田氏の系譜『源氏南部八戸新田家系』にあるものだが、三戸氏側の近世の記録『奥南盛風記』『南部旧正録』などにも、南領と北領との「境目」（境界）で紛争があったという記載があるため、事実であろう。

紛争の焦点となった境目の地が、斗賀村（南部町）である。剣吉城の東に隣接し、北信愛の父致愛《むねちか》の時期まで北氏の所領であった（『参考諸家系図』）。一方、南信義は浅水の他、斗賀、苫米地、その他近郷を支配し、居城を斗賀、後に浅水に移したという（『奥南旧正録』）。

永禄期（1558~70年）ごろ、南部晴政と南氏との間で内紛が起き、晴政の軍勢が斗賀村の水田の稲を刈り取って馬淵川に流すという狼藉《ろうぜき》を行った（「南部光徹《こうてつ》氏所蔵文書」）。晴政の書状に記載された事実であり、この時点までに南氏が北氏から斗賀村を奪取していたことは間違いない。弘治２年の「境目紛争」のときであろう。斗賀村は、境目の地として、常に争奪・攻撃にさらされていた。

安信は天文期、弟の南信義を五戸に配置した。しかし、晴政治世の弘治期（１５５５～58年）、南氏は五戸で既に勢力を築いていた北氏との間で境目紛争を起こし、これに八戸の新田氏が加勢するなど、紛争は大規模化した。

晴政はこの庶流同士の紛争を、勝手な戦闘行為＝「私戦」として停止・裁定できなかった。独立性の強い北、東、南ら有力庶流は、いまだ三戸氏の「家中《かちゅう》」（家臣団）に組み込まれていなかった可能性がある。それまで構築されていた三戸―東―北の３者間の連携と力関係の変質・崩壊は、晴政権力の動揺をもたらすことになる。

斗賀の首塚

盛岡藩士の系図集『系胤譜考《けいいんふこう》』には、次のような記録がある。天正期（1573～92年）、南盛義（信義の孫）は、領地が隣接する四戸櫛引氏と度々、紛争を起こしていた。この紛争の中で、南氏の家臣佐々木吉清は、櫛引方の兵を多く討ち取る功績を挙げた。盛義はこれを末代までの名誉とするため、敵兵の首級を佐々木家の門前に葬り、「斗賀の首塚」と名付けたという。斗賀村は、佐々木氏の知行地であった。

危機に奔走する「陣代」

八戸氏と新田盛政

熊谷隆次

南部氏の有力一族である根城（青森県八戸市）城主八戸治義《はるよし》は、享禄3（1530）年に没した。若年の嫡子《ちゃくし》義継が家督を継いだが、9年後の天文8（1539）年、後継者のいないまま没した。このとき、側室の子であるため八戸家の当主になれなかった田中清祐《きよすけ》（治義の兄）の子宗祐《むねすけ》が、家督簒奪《さんだつ》を図って根城を占拠したものの、後に、誅殺《ちゅうさつ》されるクーデター未遂事件が起こった。

義継の跡は、わずか15歳の弟勝義が継いだ。しかし、勝義も9年後の天文17（1548）年12月、跡継ぎのないまま、24歳の若さで没した。

これらの事跡は『八戸家伝記』『源氏南部八戸家系』など江戸時代の系譜によるもので、天文期の八戸氏に関する同時代史料は現存しない。しかし近年、八戸市域の寺社に残る棟札の収集が行われることで史料上の限界が克服され、飛躍的に研究が進んだ。

『源氏南部八戸家系』によれば、八戸勝義は臨終に際し、一族筆頭である新田盛政《にいだもりまさ》（52歳）を呼び、その5歳の孫を次期家督に据えるよう遺言したという。家督就任から約1年後の天文19（1550）年2月、根城八幡宮が落成した。その棟札には「御当代《ごとうだい》久松」と記されている。「久松」は八戸氏の嫡子が名乗る幼名で、根城八幡宮は八戸氏の氏神であるため、これは久松の家督就任の記念碑的造営だったのだろう。久松は元服後、政栄《まさよし》を名乗ることになる。

なお、新田盛政は勝義の命で孫久松の「陣代《じんだい》」（政務代行者）として根城に入城したと系譜は記す。棟札は「御当代久松」の前にあえて「南部左馬助《さまのすけ》盛政」（新田盛政）の名を記しているため、盛政の陣代は確かであろう。

小田八幡宮は、江戸時代までは神仏習合の下、「小田山徳城寺」と称された。本尊は、根城の北方を鎮護したとされる毘沙門天《びしゃもんてん》。山門は幕末の嘉永7（1854）年完成＝八戸市河原木

系譜は2年後の天文21（1552）年、七戸慶胤《よしたね》が八戸領へ侵攻し、これを久松の実父新田行政《ゆきまさ》（27歳）が、新田領の小田野台（八戸市）で撃退したと記す。翌年、徳城寺《とくじょうじ》（現小田《こだ》八幡宮）が落成したが、棟札は願主として「新田名跡《みょうせき》九代六良《（郎）》」（新田行政）の名を記す。戦勝祈願の成就によるものであろう。また、「名跡」とあることから、行政が新田氏当主の地位を継いでいたことが判明する。

なお、先の2枚の棟札によれば、盛政は官途「左馬助」を称していた。当主であるはずの行政はいまだ官途名を名乗れずに仮名《けみょう》（通称）の「六良《（郎）》」を称していた。

系譜によれば、盛政は根城入城後に

「薩摩守《さつまのかみ》」に改称したとされているが、これは誤りである。新田家当主の世襲名である「左馬助」を名乗っていたからである。盛政は天文19年、孫久松の後見のため根城に入城する際、新田家の当主を嫡子行政に譲りながら、実質的な当主権は掌握したままであった。

弘治2（1556）年、三戸南部氏の有力庶流北氏（剣《けん》吉《よし》城主）と南氏（五戸浅水城主）が紛争を起こした。このとき、南氏の同盟者として新田行政が剣吉城へ出陣している（『源氏南部八戸新田家系』）。

八戸家は天文期、若年当主義継、勝義の相次ぐ早世と、幼少の久松の家督就任があった。こうした危機的状況下、新田盛政は、孫久松を八戸当主家に養子入りさせ、嫡子行政を七戸氏や北氏との合戦に出陣させた。これが陣代の役割であった。戦国期、八戸氏の危機を克服し、その「家」を守った人物が盛政であった。盛政は、八戸家、新田家双方の実権を掌握し、権力を集中させることで、これを実現した。

新田氏と田名部

棟札によると、新田氏が天文22（1553）年、徳城寺（現小田八幡宮）を造営したときの釘は、田名部（青森県下北半島）の所領から採取された鉄で製造された。その所領は、目名村（同東通村）にあった。八戸家中《かちゅう》で鉄を採取できる所領を持っていたのは、八戸当主家と新田氏以外、確認されていない。新田盛政の権力の基盤には、田名部にまで展開する所領と鉄があった。

伊勢北畠氏に連なる名族

天文期の「浪岡御所」

熊谷隆次

戦国期の伊勢国（三重県）に、国司（地方行政の長）に任じられた北畠氏がいた。建武の新政（１３３３～36年）を進めた後醍醐天皇の重臣北畠親房《ちかふさ》の三男顕能《あきよし》を祖とする。

室町幕府12代将軍足利義晴、13代将軍義輝の時期に当たる天文期（１５３２～55年）、伊勢北畠氏の当主は晴具《はるとも》・具教《とものり》父子である。晴具が、将軍義晴の実名《じつみょう》の１字「晴」を下賜され、また正妻に管領《かんれい》細川高国の娘を迎えていたように、幕府中枢と直結した貴族であった。

その一族が室町・戦国期の津軽にいた。「浪岡御所」と尊称された浪岡城（青森県青森市）城主浪岡氏（北畠氏）である。出自については、北畠親房の長子で陸奥守《むつのかみ》として多賀国府（宮城県）に下向した顕家《あきいえ》の子孫、次男顕信の子孫などの説がある。滅亡して史料がほとんど残らず、いまだ定説を見ない謎多き名族である。

しかし、京都の貴族山科言継《やましなときつぐ》が記した同時代史料『言継卿記《きょうき》』『歴名土代《れきみょうどだい》』に、浪岡具永《ともなが》―具統《とものり》―具運《ともゆき》3代にわたる官位昇進の記事が記されている。

『歴名土代』によれば具永は、天文５（１５３６）年に従五位下《じゅごいのげ》・侍従に叙任されたのを始めに、同９（１５４０）年に従五位上・弾正大弼《だんじょうのだいひつ》、同17（１５４８）年に正五位下、そして同21（１５５２）年には従四位《しい》下・左中将《さちゅうじょう》にまで昇進した。また、具統は同９年に従五位下・侍従に、嫡孫《ちゃくそん》具運は同21年に従五位下・式部少輔《しきぶのしょう》に叙任された。侍

浪岡城跡。内館を中心に、西館、北館、猿楽館、東館、検校館、新館などの郭によって構成されていた。写真は北館跡＝青森市浪岡

従は室町・戦国期、名誉職的な官職となっていたが、貴族（五位以上）身分でなければ認可されなかった。

天文21年2月の叙位については、『言継卿記』が詳しい。浪岡氏が上洛《じょうらく》させた使者政宗（名字未詳）の要請を受け、2月27日に言継が具永の四品《しほん》（四位）と具運の式部大輔《たいふ》任官などを朝廷に申し入れたところ、即座に後奈良天皇の勅許が下ったという。

『歴名土代』は、具永の従四位下・左中将叙任の6日前、「伊勢国司晴具卿」の子息具教が従四位下に叙されたと記す。また、具永らの実名の「具」は、伊勢北畠氏の実名に共通する。浪岡氏の貴族身分獲得と官位昇進は、伊勢北畠氏の庇護《ひご》によるものであろう。

なお、浪岡氏の菩提《ぼだい》寺である京徳寺（青森県弘前市）所蔵の『京徳寺過去帳』は、具永の没年を弘治元（1555）年と記す。しかし、近年紹介された永禄6（1563）

年の『補略』に「浪岡具永朝臣《あそん》前弾正少弼」の名があり、具永の没年は同年以降に引き下げられた。

天文8（1539）年、三戸南部晴政は自ら上洛して将軍足利義晴の「晴」の「一字下賜」を要望した。このとき、義晴の諮問に答え、南部氏のことは以前から承知しており、「随分の者」であるため問題ない、と回答した者がいた（『大館常興《おおだちじょうこう》日記』）。内談衆《ないだんしゅう》（将軍側近）の大館常興（尚《ひさ》氏《うじ》）で、将軍義晴と伊勢北畠氏との間を仲介する「申次《もうしつぎ》」も務めていた。

天文期、南部安信・晴政父子は津軽の支配を強化していた。『奥南落穂集』は、この晴政と考えられる「南部三郎」が、娘を浪岡具運の妻に入れていたと記す。従来、「辺境の大名」というイメージで語られてきた三戸氏は、近年の室町幕府研究の進展、そして浪岡氏との関連の中で、豊かな戦国大名像を提示しつつある。

公家ノ大名

戦国時代、「公家ノ大名」として伊勢北畠氏、飛驒姉小路《あねがこうじ》氏、土佐一条氏の「三国司」が威勢を保っていた（『足利季世記』）。このうち一条氏は戦国末期に勢力を低下させていたが、土佐統一を実現した長宗我部《ちょうそかべ》氏は、「御所」一条氏の伝統的な権威を領国支配に利用するため、これを存続させた。「御所」浪岡氏と三戸氏との関係を考える際の参考となる。

津軽八戸領

熊谷隆次

黒石工藤氏領を継承

鎌倉、室町前期の津軽は、平賀、鼻和、田舎、山辺の4郡と、外浜《そとのはま》、西浜によって構成されていた。室町中期、津軽安東氏との合戦に勝利した三戸南部氏は安東領を掌握し、15世紀末～16世紀初頭、外浜に堤氏、平賀郡に大光寺氏、鼻和郡に久慈氏を配置して津軽支配を整えた。

一方、天文15（1546）年または同21（1552）年ごろの作成とされる「津軽郡中名字《なあざ》」（『津軽一統志』）は、「浪岡御所」と尊称されていた津軽の浪岡氏（北畠氏）について、天文期の当主を具永《ともなが》と記し、その所領を奥法《おきのり》郡、田舎郡などとする。奥法郡とは、浪岡氏が山辺郡と田舎郡の一部を基に編成し、創出した郡とされている。

以上のことから従来、戦国期の津軽は、浪岡、三戸両氏が支配していたとされてきた。しかし、従来の研究でなぜか触れられることのなかった重要な問題がある。それは、中世の津軽に所在した、八戸氏の所領の行方である。

山辺郡二双子《にそうし》郷下方（青森県黒石市）は工藤貞行の所領で、建武元（1334）年に嫡女《ちゃくじょ》加伊寿御前《かいずごぜん》に譲与された。また、田舎郡黒石郷（同市）と同郡「政所職《まんどころしき》」も貞行の所領・所職で、興国4（1343）年の譲状で貞行の妻しれん没後に嫡孫力寿丸《ちゃくそんりきじゅまる》へ譲与することとされた（「南部光徹《こうてつ》氏所蔵文書」）。

その後、黒石郷は正平15（1360）年、南朝の北畠顕信により八戸南部信光に安堵《あんど》された。信光とは八戸南部信政と加伊寿御前夫妻の子、力寿丸のことである。工藤氏の所領黒石郷が、八戸氏へ継承されたことは確実だが、八戸領はその後どのような歩みをたどったのか。

現在の飛内、二双子集落。手前の飛内から十川《とがわ》を渡って奥が二双子。十川は中世の山辺、田舎両郡の郡界だった＝黒石市

「津軽郡中名字」は、山辺郡二双子郷と田舎郡黒石郷を奥法郡内に含め、領主を浪岡具永と記すだけで、八戸氏については何も語らない。

二双子郷と黒石郷の間に、飛内と目内澤田（いずれも黒石市）があった。共に田舎郡内の郷と推定される。この飛内、目内澤田を名字とする者が、八戸氏の一族新田《にいだ》氏の庶流にいた。室町中期、15世紀ごろの当主清政の次男政親を始祖とする。

八戸氏当主が政栄《まさよし》の時代（16世紀後半）の「当代正月二日祝儀列坐《れつざ》之図」（「赤沢家文書」）の原本が近年確認された。これに、政栄の重臣として「目内澤田内膳《ないぜん》」「飛内采女《うねめ》」が記されている。

また、天正年間（1573〜92年）の末期、大浦（津軽）為信が当時三戸氏の支城となっていた浪岡城（青森県青森市）を攻略した際、政栄は津軽にある自分の領地奪還もあり、三戸南部信直の名代として浪岡城に出陣した。ところが、家臣「目内澤田弥右衛門《やえもん》」の裏切りに遭い、多くの家臣を失ったとされる（『八戸家伝記』）。

為信に横領された津軽八戸領は7千石とされる。この中に飛内、目内澤田が含まれていたことは、ほぼ間違いない。『三翁昔語《さんおうせきご》』は、黒石郷などもこれに含まれていたと記す。戦国末期まで田舎郡内に八戸領と浪岡領が併存していたことは確実である。

この田舎郡内に浪岡城があり、さらに南へ数キロ以内の範囲に黒石、二双子、飛内、目内澤田が所在する。八戸家には、南部師行《もろゆき》が北畠顕家《あきいえ》と共に足利尊氏方と戦って討ち死にした歴史が、家の誉れとして代々伝承されてきたはずである。黒石郷などが顕家の弟顕信ら南朝により安堵された所領であるならば、その系譜を引く浪岡御所は、八戸氏の津軽所領の相伝を外的に保障する〝権威〟であり続けたに違いない。

津軽城代工藤村吉

戦国末期、八戸氏の津軽の所領は「津軽城代《じょうだい》」工藤村吉《むらよし》が管理していたとされる（『三翁昔語』）。工藤氏は、工藤貞行の側室の子貞尚を始祖とし、後に八戸氏の家臣になったとされる。大浦為信の挙兵時、村吉は城内で切腹しようとしたが、日頃、慈悲を施していた町人20～30人の必死の説得と警護を受け、妻子ともども無事に八戸へ帰還できたという。

難しい書状の年代比定

「南部信長」は誰か

滝尻侑貴

戦国期、三戸南部氏の当主が明確になってくる一方、八戸氏（根城南部氏）の当主の活躍は見えにくくなる。同時代史料は14代当主信長、15代治義《はるよし》については1件ずつ、16代義継、17代勝義に関しては残っていないのが実情である。

この項では、14代信長について見ていきたい。家系や伝記によると、笛の名手で、将軍や天皇の前で笛を披露したという。その根拠が「南部但馬守《たじまのかみ》信長」が「南部七戸殿」へ送った書状である。

「今年は国元へ帰るつもりでしたが、信虎に引き止められていて京都を去り難く、帰国は延びそうです。来年はすぐに帰国するつもりです。昨年は天皇の前で行われた能で、また今月5日には将軍の能の際に笛を吹きました。その際、お言葉を頂き、一生の思い出となりました」「梶井殿様天台座主《てんだいざす》宮の書いた一枚起請文《きしょうもん》を手に入れました」（抜粋、意訳）

当時の書状は日付だけで年が書かれていないものが多く、内容から年代を推定するが、これは永禄7（1564）年ごろのものとする説が主流である。

根拠は「梶井殿様天台座主宮」と「信虎」の文言。「梶井殿様天台座主宮」は、天台座主（天台宗の最高位者）に就いた人物のうち、梶井宮（京都・三千院）出身の者を指す。該当する人物は、文明10（1478）年から永正15（1518）年まで就任した

七戸氏宛ての南部信長書状。①「梶井殿様天台座主宮」、②「信虎」が年代を考える際のヒントになる（「南部光徹氏所蔵文書」、『新編八戸市史　中世資料編』より転載）

162代堯胤《ぎょういん》親王、天文24（1555）年から永禄7年ごろまで記録が残る166代応胤《おういん》親王が候補に挙がる。

「信虎」は甲斐国（山梨県）の戦国大名武田晴信（信玄）の父信虎に比定。武田氏と南部氏は共に甲斐源氏の流れである。信虎の誕生は、近年の学説では明応7（1498）年とされるが、元は信直を名乗っており、信虎と改名してからの年代に該当する座主は応胤親王となる。当時、信虎は晴信に甲斐国を追放されて京にいた。

しかし、この説では「信長」を八戸14代当主とは別人とみなくてはならない。永禄7年ごろの当主は18代政栄《まさよし》だからである。

また、京都の公家山科言継《やましなときつぐ》の記した日記『言継卿記《きょうき》』の永禄12（1569）年3月16日条に津軽「浪岡御所」の使者とされる「南部但馬守」が登場する。書状の内容から、信長は数年にわたって在京している点などからも当主ではなく、この人物ではないかとする説もある。

系図類はこの書状を根拠に八戸南部信長の事績を載せている。「信長」が八戸氏でないとすると、八戸信長の実在自体、再検証が必要になる。

近年の主流な説とは異なるが、拙論を述べたい。この書状が八戸氏の子孫である南部光徹《こうてつ》氏の所蔵文書に残された点を考慮すると、やはり「信長」は八戸氏の関係者とみるべきだろう。天台座主を堯胤親王に比定し、「信虎」を武田信虎と考えなければ、永正5（1508）年に亡くなったという14代信長に比定できる。信長の子治義の永正元（1504）年付の朗詠歌が発見されていることとも年代的に矛盾はない。

「信虎」は比定できる人物が浮かばない。武田信虎は甲斐に残った波木井《はきい》南部氏を滅ぼしたというが、糠部《ぬかのぶ》南部氏との交流を示す文書類は他に発見されていない。「信虎」と敬称を付けていないことからも、当主格の相手ではないと思われる。

足弱共

南部信長の書状には、「南部七戸殿」が「足弱共《あしよわ》」の世話をしていることが記されている。「足弱」は足の弱い者、長距離を歩けない者、転じて年寄りや女子供を指す。信長が在京中、八戸氏庶流の七戸氏に妻子の世話を頼んでいたと読み取れる。信長の妻は七戸氏の出身なのかもしれない。「南部七戸殿」は根城で留守を守っていたのだろうか。

Ⅲ　南部氏「家督」晴政の戦い

晴政という男 I

滝尻侑貴

伝記内に批判的な記述も

三戸南部氏当主によって発せられたことが明確にされた文書の中で、現存する最古のものは、24代当主晴政の書状である。晴政からは江戸時代に作成された家伝・系図類でも逸話が豊富となる。歴代当主の中では比較的知られた存在だろう。

しかし、同時代史料では、晴政の当主在任期間の前半は詳細な記録が残っていない。後半についても、発給文書3点と、在任期に家臣が発給した文書数点が残っているだけであり、晴政の事績は後世の伝記から探らなければならない。

南部氏に伝わる系図・伝記類は江戸時代に作られたものであり、その関係上、盛岡藩の礎を築いた26代信直（晴政の娘婿）を最上位に位置付ける。相対的に、信直と関係が良好ではなかったという義父晴政については評価を下げて記す傾向があるように思われる。そのため、編さん物に描かれる晴政像は注意深く見る必要がある。

晴政時代の出来事として家伝や系図類などによく記されるのは、武田晴信（信玄）からの「晴」の「一字拝領」と、居城であった聖寿寺館《しょうじゅじたて》（本《もと》三戸城、青森県南部町）の火災である。

武田氏からの偏諱《へんき》（一字拝領）は、歴代当主の事績がまとめられた『御当家御記録』や、藩士が南部氏の歴史をつづった『祐清私記《ゆうせいしき》』に見られる。

しかし、「『戦国大名』三戸氏の成立」「天文期の『浪岡御所』」の各項で触れたように、室町幕府将軍足利義晴の側近が残した『大館常興日記《おおだちじょうこうにっき》』の天文8（1539）年7月15日条に、「奥州南部彦三郎」が上洛《じょうらく》し、将軍の1字を所望して認められたことが記されている。

彦三郎は晴政（当時の実名《じつみょう》は安政か）とみて、まず間違いない。「晴」の由来は武田晴信ではなく、足利義晴なのである。誇るべき歴史のはずが、伝記はなぜか格下の武田氏を由来としている。

続いて、聖寿寺館の焼失を見ていく。『寛永諸家系図伝』では、同じ天文8年に三戸居城が炎上し、代々伝えられた文書が焼失したと記す。『寛政重修《ちょうしゅう》諸家譜』も同様である。中世三戸南部氏の古文書は非常に少ないが、火災はその一因とされている。『御当家御記録』では6月14日に本城と2、3の郭が放火によって燃え、宝物などが焼失。犯人は赤沼備中であると記す。『奥南旧指録』では、失火とする。

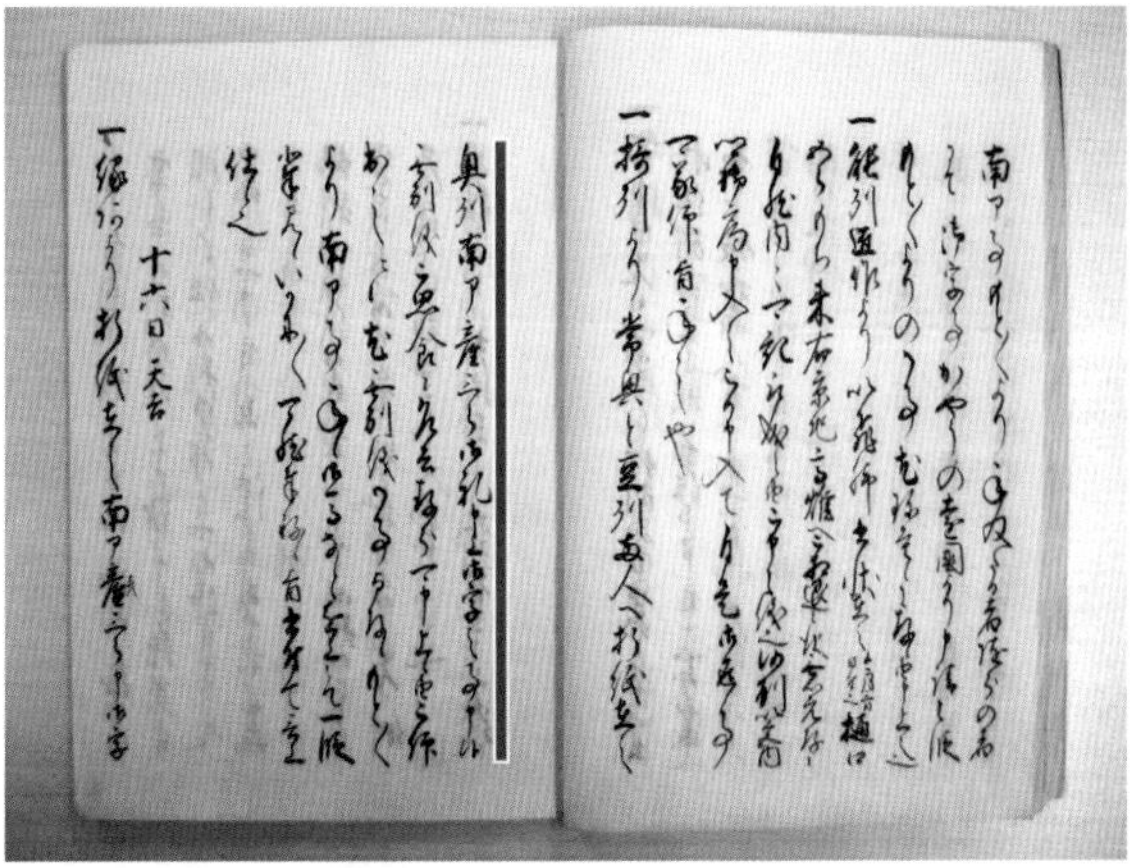

『大館常興日記』（国立公文書館所蔵内閣文庫『公儀之日記』）の一部。傍線部では、将軍から「御字」を拝領し、「奥州南部彦三郎」がお礼を申し上げたとある

『祐清私記』では赤沼の動機も語られる。「乾《けん》」の巻では、青森県十和田市にあった赤沼の所領が、晴政の側近奥瀬安芸へ渡されたことで恨みを持ったとする。しかし「坤《こん》」の巻では、美人だった赤沼の妻を、好色の晴政が城に招いたとする。妻はその後行方不明になり、恨んだ赤沼が倉に火矢を放った、と理由が異なる。

現在の解釈では、この事件により居城を三戸城（青森県三戸町）へ移したとされる。ただし、火災の原因、規模は解明されていない。近年の聖寿寺館の発掘成果で、燃えて炭化した木材が見つかっているが、城が使用できなくなるほどの規模の火災だったかは分からない。

時期に関しても、前述の通り7月に京都にいた晴政は、移動時間や偏諱の手続きに要する時間を考えると、火災があったとされる6月には、実際は三戸にいなかった可能性もある。まだ謎の多い炎上事件だが、江戸時代には晴政を批判的に描く出来事の一環として伝えられているのが特徴的である。

南部商人佐藤掃部助の上洛

天文8（1539）年閏6月、「奥州南部商人左藤（佐藤）掃部助時吉」が幕府政所執事伊勢貞孝に面会し、樽代銭と太刀を進上した（『蜷川親俊日記』）。南部彦三郎が将軍足利義晴から「晴」の1字を拝領する前の月のことである。佐藤は彦三郎の上洛の同行者とみられている。なお、閏6月に大崎氏、翌7月には葛西氏の使者が伊勢氏の元に派遣されており、南部、大崎、葛西といった奥州諸氏が共に上洛した可能性も指摘されている。

晴政という男Ⅱ

滝尻侑貴

謎多い信直との対立

三戸南部氏24代当主晴政の実子25代晴継、晴政の婿養子で26代信直を巡る、家督相続の問題について見ていく。

簡単に経緯を確認すると、晴政に男子が生まれなかったため、長女に婿養子信直を迎えて、次期当主の座に据えた。しかしその後に実子晴継が生まれ、家督を継ぐことになった。

ところが、晴継は家督を継いですぐに死去し、一族の間で次期当主を決める話し合いが持たれた。その中で、候補として信直と九戸実親《さねちか》（同じく晴政の娘婿）の名が上がり、最終的には信直が家督を継ぐことに決まったとされる。以上のことを踏まえて、江戸時代の伝記を見ていきたい。

『祐清《ゆうせい》私記』では、晴継の生母は三戸（青森県三戸町および周辺）近辺の農民の娘とする。晴政が鳥狩りに出掛けた際、畑仕事をしていた娘が寄ってきて、大猟祈願のためか晴政の着物や顔に泥をこすりつけた。この不敬な行為にも晴政は笑って帰したが、狩りに行ったところ大猟だった。これを機に娘は城へ召し抱えられ、後に晴継を産んだという。

『御当家御記録』によると、晴継が生まれたことで、晴政は信直との関係が悪化し、ついには信直を殺そうとしたと記す。また、晴政より先に晴継が亡くなったとしている。

「南部氏歴代当主画像」のうち、南部晴政（右）と晴継（もりおか歴史文化館所蔵）。
晴継については同時代史料が存在せず、生没年も含め不明な点が多い

『奥南旧指録』では、信直は次期当主として田子（青森県田子町）から三戸へ来たが、晴継が生まれ、田子に帰ったとしている。

晴政と信直の対立は、諸書でそれぞれ肉付けがされているが、『八戸家伝記』は特に内容が豊富である。晴政は、晴継誕生で邪魔になった信直を殺そうとし、彼をかくまった剣《けん》吉《よし》城（青森県南部町）城主の北信愛《のぶちか（のぶよし）》を攻撃した。いったん和睦したものの、信直が川守田村（三戸町川守田）の毘沙門《びしゃもん》堂を参詣した際、晴政の襲撃を受けた。

信直は鉄砲で応戦し、晴政の騎馬に当てて落馬させ、そのまま田子城に逃れた。後に追撃を逃れるため八戸政栄《まさよし》を頼り、根城（青森県八戸市）に身を隠した。そうしているうちに、晴政は病死したと記されている。

これらの共通点は、晴継誕生を契機に晴政と信直の関係が悪化していくことである。晴

政の剣吉城攻撃のくだりは、次項以降に紹介する八戸氏伝来の「晴政書状」を根拠とする（ただし、現在はこの文書の解釈は大きく見直されている）。

一方、川守田での襲撃は、ほぼ同様の内容が『御当家御記録』や『祐清私記』では晴政と信直ではなく、晴継死去後の信直と九戸政実《まさざね》・実親兄弟の家督相続争いに関連する出来事として記されている。来歴の定まらない、創作色の強い部分といえるだろう。

このとき信直を助けた八戸氏は江戸時代、盛岡藩の重臣筆頭であり、その立場が伝記に反映され、「藩祖・信直を支えた八戸氏」の姿がより強調された部分かもしれない。

2項にわたり、後世の編さん物に記された晴政の事績を見てきた。記述の大半は根拠となる文書が分からないまま、晴政を批判的に記している。次項からは、晴政の生きた時代の文書「晴政書状」と、これと内容が連動している、三戸南部家臣の「東政勝書状」について考察し、史実の晴政の一端に触れたい。

信直の敵役

『八戸家伝記』では、川守田襲撃の際、南部晴政方に九戸実親が付き従っており、南部信直の鉄砲によって手傷を負ったとしている。実親は信直と同じく晴政の娘婿であり、家督を争ったとされる。兄政実は後に九戸一揆を起こしたことで知られる。江戸時代には、九戸氏も晴政と同様に信直の敵役として、批判的に記す風潮があったのだろう。

八戸に援軍求める晴政

永禄期糠部《ぬかのぶ》の争乱

滝尻侑貴

戦国時代の三戸南部氏当主晴政について、当時の書状から動向を探りたい。晴政自身の書状3通と、同じ出来事について記された晴政家臣東政勝の書状3通の計6通を見ていく。

いずれも年号は記されておらず、日付と作成者は①6月24日（晴政）②7月21日（晴政）③7月26日（東）④9月16日（東）⑤10月16日（東）⑥10月16日（晴政）となっている。年代は諸説あるが、永禄年間（1558～70年）とする説が有力視されている。

書状には晴政・東氏と南部一門の北氏・南氏との間で合戦となっていることが記され、晴政と政勝が八戸（根城南部）、七戸、四戸の各氏に援軍を要請している。

ちなみに、これらは晴政と婿養子信直の相続争いに関わる書状と捉えられていた。江戸時代からある見方であり、『八戸家伝記』などでも北、南両氏側に信直がいたと記されていたが、近年の研究によって否定されている。文書の内容から信直の存在がうかがえないこと、対立するには年代が合わないことなどからである。

この項では①と②の晴政書状について見ていきたい。

①は八戸18代当主政栄《まさよし》に送られた書状である。事前に三戸家臣「治部少輔《じぶのしょうゆう》」を経由して申し入れがあり、政栄が返事をした。治部少輔が誰かは定かではないが、小井田幸哉氏は三戸家臣の福田氏と推定した。同時代で他に治部少輔と呼ばれた人物には八戸氏の

庶流中館家の三男忠知がいる。同じく庶流の新田《にいだ》家でも見られるが、嫡男《ちゃくなん》以外が三戸氏の家臣になることがある。忠知が三戸家臣となり、連絡役になった可能性もあり得るだろうか。この政栄の返事に晴政が返信した。

前年から続く合戦で、八戸氏が三戸氏に「奉公」（戦いへの協力）していることを感謝するとともに、今後の戦略を示している。晴政は「浅水口」攻撃に八戸氏の援軍を要請し、さらに八戸氏と親戚関係にある七戸氏に協力を呼び掛けるよう求めた。出陣する際は三戸、七戸、八戸各氏で日にちを合わせたいとして、三戸氏側の担当である東氏と相談してほしいと伝えている。

書状❶に見る南部晴政の戦略

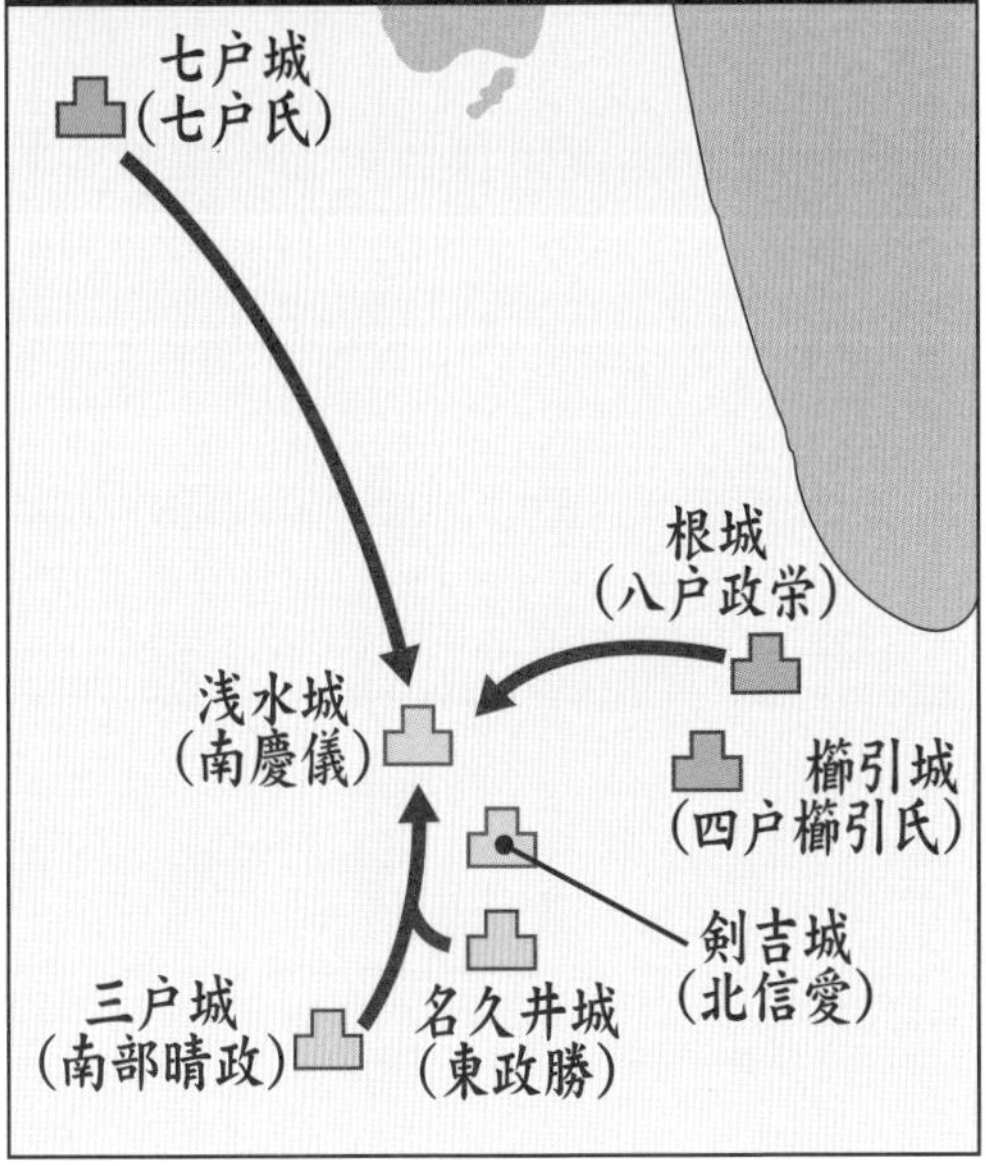

敵対者は浅水城（青森県五戸町）の南氏で、三戸、七戸、八戸各氏が示し合わせて、西（南）と北、東の三方から同日に攻撃するのが晴政の狙いだったようだ。

②は同じく政栄宛てで、7月20日に三戸勢が浅水を攻めたが敵は籠城して一人も討てなかったため、

城の前まで詰め寄せて矢を放ったこと、21日は南領の斗賀（青森県南部町斗賀）に攻め入ったことを伝え、22日は八戸氏が七戸氏と相談の上で「ぬさ（野沢）」（五戸町）、「浅水口」に出兵してくれることを望んでいる。斗賀では軍事行動で「作を流させ」たと記している。農作物を駄目にさせ、兵糧攻めを行ったことが分かる。

2通とも晴政は七戸氏との連絡は八戸氏で行ってほしい旨を書いていて、八戸氏と、同氏から分かれた七戸氏の関係の深さをうかがわせる。

今回の2通からも分かるように、これら6通は南部領内での合戦の様子が詳しく記された貴重な古文書である。三戸氏から何度も八戸氏への援軍要請が続き、三戸氏だけでは戦いを収めることができないことが分かる。「戸《へ》」の領主が協力しても南、北氏を制圧できなかったことがうかがえるが、八戸氏などが積極的ではなかった可能性もあるだろう。

▌一族との関係

書状②には、高水寺《こうすいじ》城（岩手県紫波《しわ》町）の斯波《しば》氏から手紙が来たことも記されている。三戸南部晴政は八戸政栄に「手紙を見せるので、どのように返事をすればいいか意見をもらえればうれしい」「七戸にも相談してくれるとうれしい」と伝えた。一族の八戸氏や七戸氏に意見を求めた上で他領主に返信するという、南部氏の同族連合体としての性格の一端がうかがえる。

晴政、出陣日を調整

北・南氏包囲網

滝尻侑貴

「永禄期糠部《ぬかのぶ》の争乱」の項に続き、戦国時代の三戸南部氏当主晴政について当時の書状から動向を探りたい。この項では③7月26日付④9月16日付の三戸家臣東政勝書状を見ていく。

③は宛所が記されていないが、「遠野南部家文書」(「南部光徹《こうてつ》氏所蔵文書」)に残された点や内容から、八戸(根城南部)政栄《まさよし》に宛てたものと思われる。

内容は、七戸氏の元にいる、優れた馬の話題から入っている。政勝は「逸物」がいると聞き、八戸氏の仲介にも頼りながらこの馬を得ようとしており、馬の現在の状態を七戸氏に問い合わせたことを報告している。

戦国時代の武将たちにとって良馬を持つことは身分の象徴であり、より良い馬を求め、他領主の下にある馬をも手に入れようとしていた。糠部は馬産地で有名だが、その中でも良しあしがあったことがうかがえる。

この前半は個人的な内容で、わざわざ記している理由を考えるならば、後半で戦への出陣を要請するため、八戸氏の同族七戸氏を褒める社交辞令の側面もあったのだろうか。

後半は一連の合戦に関する内容である。政勝は「家督」(南部晴政)から、「四戸」(櫛引氏)へも参戦を要請するため、七戸氏と八戸氏が出陣できる日程を確認するよう命じられたようである。政勝は両氏の都合を聞いた上で、改めて四戸氏へ連絡しようとしている。

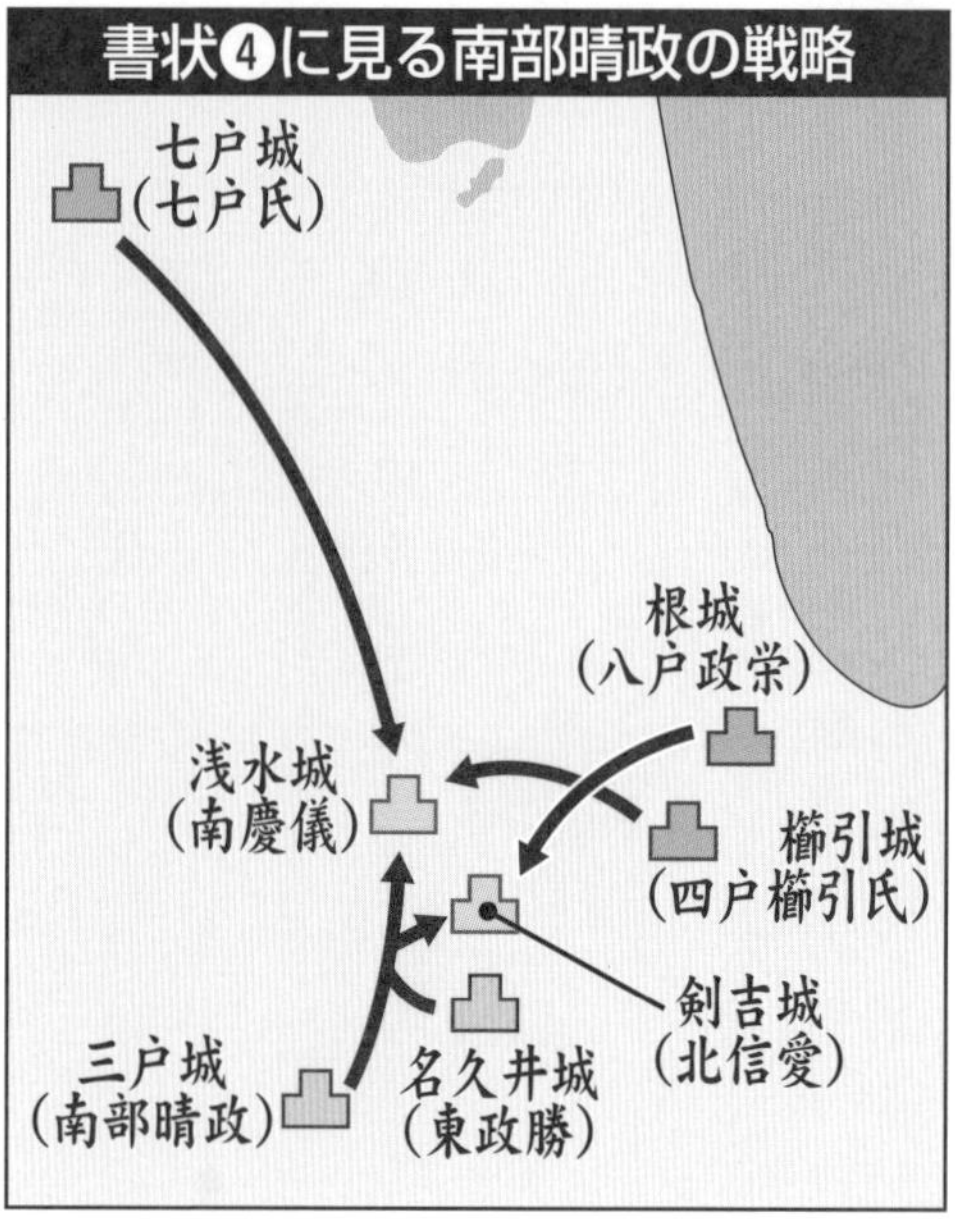

相手は前回の書状で敵と見なされていた浅水城（青森県五戸町）の南氏であろう。晴政は政勝に命じ、再び各領主の出陣日程を調整して一気に南氏を攻撃しようと図っているのである。

この書状では四戸氏の参戦が確認される。『青森県史　通史編1』では、四戸氏を一連の合戦における三戸氏、東氏の敵対者と解釈しているが、関連する6通の書状を見た限りでは、四戸氏は三戸氏から協力を要請され、実際に三戸方として出陣した様子がうかがえる。

④は同じく政栄宛てで、今度は「見吉《けんよし》」（剣吉、北信愛《のぶちか（のぶよし）》）に対する包囲網を形成しようとしている。「北氏に謀反のうわさがあり、本当のようではあるが、軽はずみなことはせずに我慢していた」が、とうとう2日前に浅水城、剣吉城（青森県南部町）周辺に兵を控えさせ、合戦となった。前日も合戦となり、三戸方は2日間で10人余りがけがをしたとある。

政勝は川（浅水川か馬淵川）を挟んで敵と対陣しており、ここで八戸氏にも出兵を要請し、七戸氏へも兵を出すよう伝えることを求めている。七戸氏を「野佐口」（野沢、五戸町）へ、八戸氏を「見吉口」へ攻め込ませ、晴政、政勝も剣吉に出陣して敵の動きを封じようという作戦であった。

追而書《おってがき》（追伸）では、四戸氏が「戸内」へ出陣してくれたことを伝えている。「戸内」について、三戸斗内では合戦地域から離れる。五戸兎内《うさぎない》とみれば、南氏攻撃が目的だろう。「兎」に「戸」を当てた可能性はあると考えるが、読みが異なるので後考を期したい。なお、小井田幸哉氏は「四戸の内」と解釈する。

この書状を素直に読めば、何らかの理由で北氏が三戸氏と対立し、南氏と手を組んだようである。南氏の領地を攻めるに当たり、三戸、東氏は北氏の領地を通らなければならず、その関係で軋轢が生じた可能性も考えられる。

元々斗賀（南部町斗賀）を巡って争うなどしていた北、南の両氏は協力して南部氏「家督」の晴政に対抗することになる。

「福田」は誰か

書状④で、「福田」は三戸方と報告されている。小井田幸哉『八戸根城と南部家文書』は福田掃部と推定し、「永禄期糠部の争乱」の項の書状①の「治部少輔《じぶのしょうゆう》」と同一人物か親子とする。ただ、この福田氏は葛巻氏庶流で、後に現青森県南部町福田を領地とするが、この頃はまだ入っていない。三戸氏に仕えた新田《にいだ》栄勝（八戸政栄弟）が福田氏を名乗ったとされており、政栄に弟の動向を伝えたとも考えられないだろうか。

滝尻侑貴

「一家同意」を模索

「家督」晴政と領主たち

引き続き、戦国時代の三戸南部氏当主晴政と、剣吉《けんよし》（青森県南部町）の北氏、浅水（同五戸町）の南氏との対立を、当時の書状から見ていく。この項は共に同じ年の10月16日に根城（同八戸市）の「八戸殿」（八戸政栄《まさよし》）宛てで出された⑤東政勝書状⑥南部晴政書状である。

⑤は「見吉《けんよし》」（剣吉）で日々合戦が行われている現状を伝え、前日に四戸（櫛引）氏が「人馬別《とまべち》」（苫米地）に着陣し、「森之越」（森越）で戦ったことが報じられている。②と同じように兵糧攻めを行っていたようで、「にを」をことごとく焼き打ちしている。にお（乳穂、稲積）は、収穫した稲を乾燥させるために刈り取り後の田で積み立てたものである。このにおの表記について不明な点がある。それが「二階之にを」と記されている点である。「二階之」を地名と捉えても比定地が見つからない。森越館まで攻め寄せ、文字通り建物「二階」に備蓄していた物を焼き討ちしたとみる場合は、森越館が本当に2階建てだったのかという疑問が残り、解釈は難しい。

このとき、東氏も四戸氏と同時に森越を挟撃した。さらに晴政は剣吉城の前まで攻め掛かって北氏を本拠地にくぎ付けにしており、16日も合戦が続いている。

後半部分では、先日の打ち合わせ通り、四戸氏と協力して攻撃するようお願いし、晴政からも連絡が行くことを伝えている。これが書状⑥である。最後に追而書《おってがき》（追伸）では、翌17日に攻め立てるよう改めて出陣を求めた。
⑥も同様に四戸氏の動向を伝え、八戸氏には「ぬさ口成共《なりとも》、何方《いずかた》成共」（五戸野沢口でも、どこへでも）出陣してほしいと伝え、七戸氏にも「五戸」、「米田口」（青森県十和田市）に攻撃を求めている旨が記されている。晴政の戦略では、三戸、東、四戸、七戸、八戸の各氏が北、南氏領の各所に同時攻撃を仕掛けようとしていたことが分かる。
後半には「一家《いっか》同意」という文言がある。糠部《ぬかのぶ》（青森県東部、岩手県北）を治める領主たちの連合体＝南部「一家」が今回の合戦の方針について協議し、その結果として八戸氏に出兵を要請したようである。

この方針については、政栄に対し、その後見を務めた新田《にいだ》氏にもこれ以上方針が変わることはないので同意するよう伝えることを求めている。もしかすると新田氏は出兵とは違う意見を持っていたのかもしれない。

以上、3項にわたって6通の書

書状❺❻に見る南部晴政の戦略

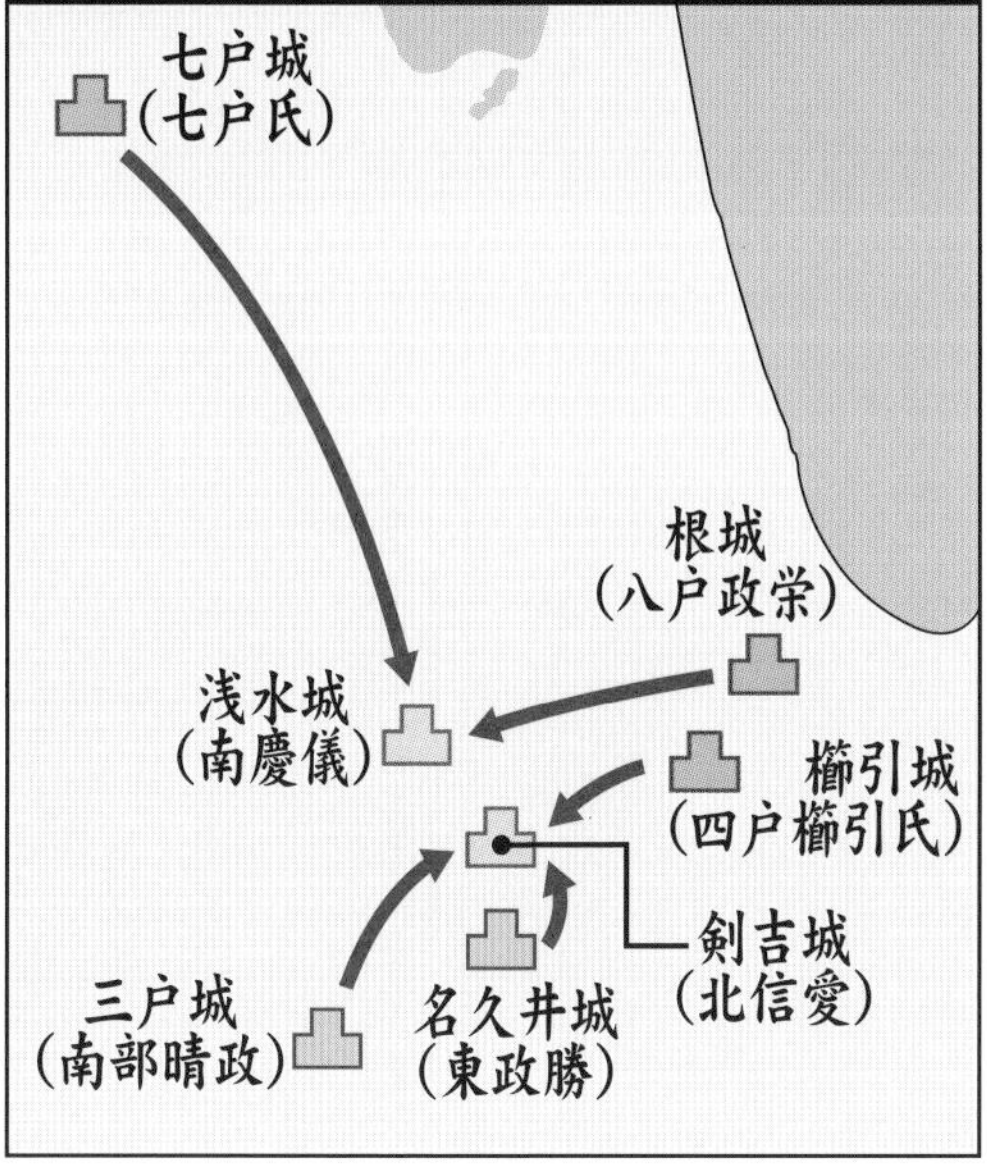

状を見てきた。総じて合戦に際し四戸、七戸、八戸氏といった「一家」の構成領主へ「奉公」をお願いする、または働きに対する謝礼といった内容である。

その中では「頼み入り」「畏《おそ》れ入り」といった文言を用いたり、七戸氏への要請は直接ではなくつながりのある八戸氏を経由したりするなど、三戸南部氏の領主権の弱さが見て取れる。「戸《へ》」の領主が三戸氏を盟主としつつも家臣として位置付けられておらず、独自の領主権を持つ家として捉えられていたためである。

「一家」において意見が統一されない場合、三戸氏が強権を発することはできず、再度「一家同意」を模索するといった、同族連合体としての南部氏の様子もうかがえる。

一方、晴政側には、晴政を「家督」と呼び、要請に応じることを「奉公」と表現するなど、晴政を南部氏惣領《そうりょう》として上位に位置付けようとの狙いも見える。

政栄と新田氏

根城南部（八戸）18代当主政栄は先代勝義の早世を受けて庶流新田家から婿養子として入り、家督を継いだ。まだ5歳と幼かったため、祖父新田盛政《もりまさ》が根城で後見人を務めた。南部晴政が書状⑥で新田氏について触れているように、政栄宛てとは別に書状を出すこともあったことがうかがえ、八戸氏の方針に対して大きな影響力を持っていたとみられる。

八戸氏の領主権衰退

「戸」の領主間の対立

滝尻侑貴

戦国時代の三戸南部氏当主晴政と北氏、南氏との対立に続き、この項では同時代に起きた、「戸《へ》」の領主同士の争いを見ていく。

まず、八戸氏（根城南部氏）と七戸氏である。江戸時代に作られた『新田《にいだ》家伝記』によると、天文21（1552）年、七戸慶胤《よしたね》が「八戸領」へ押し寄せたが、八戸当主久松（後の政栄《まさよし》）の実父新田行政《ゆきまさ》が「小田野台」に「出張」し、勝利したという。小田野台は現青森県八戸市河原木小田平との見方がある。翌年、行政は麓に徳城寺《とくじょうじ》（現小田《こだ》八幡宮）を造営しており、合戦との関連が指摘されている。一方、地理的には現青森県東通村の小田野沢周辺の可能性も捨て切れない。七戸領と接する田名部（青森県下北半島）は八戸領であり、小田野沢に近い目名には新田領も存在した。

次に、八戸氏は四戸（櫛引）氏とも対立している。年未詳8月6日付の「新田氏宛東朝政《ともまさ》書状」によると、朝政は「四戸御取合」に関して「大森物境」に「色々雑説」（うわさ）があるとして、「相模殿」（新田家臣作田氏）を通して申し入れを行っており、新田氏からの返事に感謝している。

この書状に関連する記事が、江戸時代の八戸氏の記録『八戸家伝記』にある。永禄10（1567）年正月14日、八戸政栄が実父新田行政死去を受けて新田城に赴いたとき、櫛引弥六郎（清長）が根城まで攻めてきて、近隣を焼き討ちしたというものである。このとき、東氏が櫛引氏に協力したといううわさが流れたため、東氏は作田氏を呼んでうわさを否定したという。

「大森」について、『八戸家伝記』は八戸の隣村で東領と説明している。小井田幸哉氏は、四戸領だった現八戸市南郷の大森とみるが、そうではなく、青森県五戸町切谷内の大森だろう。

政栄は父の喪が明けるのを待って反撃するつもりだったが、永禄12（1569）年8月28日に祖父新田盛政《もりまさ》も亡くなり、三回忌に当たる元亀2（1571）年8月28日にようやく報復のため出陣した。この合戦で東氏は結局、櫛引氏に援軍を出したという。同様の記事は『新田家伝記』や『源氏南部八戸新田家系』にもある。

勝利したのは八戸氏で、四戸領「屋沢（矢沢）・水口・尻内・田面木」と東領「正法寺・根岸・熊澤（熊ノ沢）・大森・桐屋内（切谷内）・高屋敷・両市川（上市川・市川）」を手に入れたという。現在の八戸市と五戸町のそれぞれ一部である。

四戸櫛引氏が拠点とした櫛引城跡＝八戸市櫛引

四戸氏との戦いはこれに先んじて永禄7（1564）年にも起こり、『源氏南部八戸新田家系』によると、新田行政の弟政季が「島森」（八戸市南郷島守）で戦死した。島守は四戸一族島守氏の領地であり、永禄10年の侵攻は、断続的に続く四戸氏と八戸氏の争いの一環だった可能性もある。

以上、八戸氏と七戸氏、四戸氏の対立について見てきた。七戸氏は八戸氏から別れた一族であり、四戸氏も櫛引将監《しょうげん》が新田行政の姉妹を妻とし、その娘は行政に嫁いだ。八戸政栄は母方の実家と対立したことになる。

これは、八戸氏の領主権の衰退を示していると受け取れる。政栄自身、前当主の早世で新田氏から5歳で婿養子に入ったように、八戸氏は当主の短命が続き、戦国の当主としては統率力の不安定な時期が生じた。七戸氏、四戸氏はそんな八戸氏に見切りをつけ、独自の勢力拡大に切り替えていったのかもしれない。

東朝政は誰？

この項に登場した東氏は、これまで何度か登場した政勝とは名前が異なる朝政という人物である。『三翁昔語《さんおうせきご》』の東系図は4代政勝、6代朝政とする。『寛政重修《ちょうしゅう》諸家譜』では三戸南部晴政の娘が朝政に嫁いだとする一方、『八戸家伝記』は政勝に嫁いだとする。情報が錯綜《さくそう》しているが、近い時代の人物であり、共に民部大輔《みんぶのたいふ》を名乗っていることなどから、政勝と朝政は同一人物と考えられる。

鹿角郡合戦Ⅰ

熊谷隆次

糠部侵攻狙う安東愛季

戦国期、糠部郡《ぬかのぶ》（青森県東部、岩手県北）の西に隣接する南部領が存在した。陸奥国鹿角郡（秋田県鹿角市、小坂町）である。南部晴政の治世の永禄9～11（1566～68）年、檜山《ひやま》（同能代市）を拠点とする安東（下国《しものくに》）愛季《ちかすえ》がこの鹿角郡の奪取を図って侵攻し、血みどろの争奪戦「鹿角郡合戦」が繰り広げられた（『参考諸家系図』「鹿角大日堂故実伝記」「鹿角由来集」）。

これに関して、永禄9年ごろと推定される4月25日付の安東愛季書状写が残されている。宛所は、鹿角郡の領主大湯氏である（「弘前佐藤文書」）。同郡の主な領主が天正19（1591）年の九戸政実《まさざね》の一揆蜂起で滅亡し、家伝文書が失われたため、この愛季書状の正しい読解が、南部領鹿角郡の実体および「鹿角郡合戦」解明の成否を左右する。

書状の中で最も重要な文言が「糠野部（糠部）進発」である。従来は「糠部からの軍勢出動」、つまり南部軍の安東領への進撃と解釈してきたが、「進発」は通常自らの出撃を意味するため、「安東軍の糠部への出陣」と逆に解釈すべきだろう。

書状からは、愛季が鹿角郡の領主の他、南部領津軽の平賀郡大光寺氏、田舎郡浪岡（北畠）氏らの加勢を得ようと、周到に調略を進めていたことが判明する。永禄期前半、愛季はまだ20歳代の若年ながら、知謀を備えた戦略家であった。

大光寺氏は三戸南部氏の一族堤氏（津軽外浜《そとのはま》横内城主）の庶流で、平賀郡支配を任されていた。北畠氏の血統を引く浪岡氏は、南部氏の津軽支配を正当化する権威として配されていたと推定される。しかし、世襲制と遠隔地の故に、両氏が郡主として独立領主化を進めることは避け難かった。愛季の調略はこれを察知してのものであったが、大光寺氏、浪岡氏は応じなかった。このため愛季は戦略を変更し、鹿角郡内の領主を自軍へ「与力」させることと、糠部郡への街道（現秋田街道）の確保を大湯氏に要請した。

「鹿角四十弐郷ニ侍四拾弐人」（『鹿角由来集』）という言葉がある。戦国期の鹿角郡内は、村落に居館を構える小規模な領主が盤踞《ばんきょ》したままで、郡を統一する有力領主が成長しなかったことを示している。室町期以来、郡内では安保《あぼ》、成田、奈良、秋元の4氏がそれぞれ一族で結び付いていた。安保一族は郡南の大里氏が、成田一族は郡北の毛馬内《けまない》氏が、奈良一族は郡北の大湯氏が、それぞれ惣領《そうりょう》家（本《ほん》宗家《そうけ》）の地位にあったとされる。

4氏はいずれも関東の鎌倉御家人の庶流らが室町期に鹿角郡に移り、領主化を遂げたものである。安保（丹治《たんじ》）氏は、武蔵国加美《かみ》郡安保郷（埼玉県神川町）を本拠地とした安保氏

安東（秋田）愛季肖像。天文22（1553）年の父舜季《きよすえ》の没後、わずか15歳で安東氏の家督を継いだ（東北大学附属図書館所蔵）

の系譜を引く。その武蔵安保氏の庶流安保行員《ゆきかず》は、母が同国騎西《きさい》郡（同加須《かぞ》市）の成田氏の娘であった経緯で、同氏の所領鹿角郡柴内村、田山郷兄畑村、大里村を継承した（「八坂神社文書」「安保文書」）。その成田氏の庶流が、奈良氏である。秋元氏は、上総国《かずさのくに》周淮《すえ》郡秋元（千葉県君津市）を本拠とした宇都宮氏の流れを引くとされる。

愛季書状の様式からは、愛季が大湯氏を対等の領主として扱っていることが判明する。大湯氏が奈良惣領家として、鹿角郡北および糠部郡北門《きたのかど》田子（青森県田子町）への街道を押さえる有力領主であったからである。また、文明18（1486）年、鹿角大日堂を修復した際の棟札には、領主（旦那）として「丹治朝臣《あそん》大里上総」と記されている。大里氏が、鹿角郡安保（丹治）一族の惣領家であったことは確実である。

4氏の多くは「鹿角郡合戦」で安東氏に協力することになる。

鹿角の小領主

時宗《じしゅう》の総本山、藤澤山清浄光寺《しょうじょうこうじ》（神奈川県藤沢市）に『時衆過去帳』が所蔵されている。13代遊行上人《ゆぎょうしょうにん》の時期の応永24～永享11（1417～39）年に縁を結んだ鹿角郡の領主として、「大里殿」「カトノ（鹿角）大湯」の他、「小坂殿」「田山殿」「黒土殿」が記されている。室町期に村落規模の領主が実在したことを示す貴重な史料である。

安東との長い対立の歴史

鹿角郡合戦Ⅱ

熊谷隆次

　永禄9（1566）年から3年間、南部領鹿角郡（秋田県鹿角市、小坂町）を巡り、南部晴政と安東愛季《ちかすえ》との間で「鹿角郡合戦」があった。背景には、室町時代以来の両者の長い対立、紛争の歴史がある。

　室町期の鹿角郡では、大湯（奈良）、毛馬内《けまない》（成田）、大里（安保《あぼ》）、秋元（宇都宮）の4氏が惣領《そうりょう》家としてそれぞれの一族を率い、まとまっていたと考えられる。しかし、文明期（1469～87年）ごろ、この鹿角郡に一戸南部氏の庶流4氏が進出してきた。旧安保領の石鳥谷《いしどりや》に一戸氏の「旗頭」一戸正友が、旧成田領の谷内と湯瀬、旧秋元領の長牛《なごうし》に他の3氏が入り、居館を構えた（『鹿角由来記』）。全て鹿角郡南に所在する。これにより、一戸（岩手県一戸町）から浄法寺（同二戸市）を経て鹿角郡南に至る街道（鹿角街道）が確保された。

　一戸氏の鹿角郡進出は、安東氏の動向と密接に関係していた。室町期、南部氏との合戦で敗れ、津軽から蝦夷ケ島《えぞがしま》（北海道）に渡った安東氏は、当主師季《もろすえ》（後の政季）の時期の康正2（1456）年、出羽北部の河北郡（秋田県能代市）に移った。師季が応仁2（1468）年、合戦で失った津軽の領土回復を祈願して熊野那智大社（和歌山県那智勝浦町）に願文を奉納したように（「熊野那智大社文書」）、領境を接することになった南部氏との緊張は一挙に高まった。

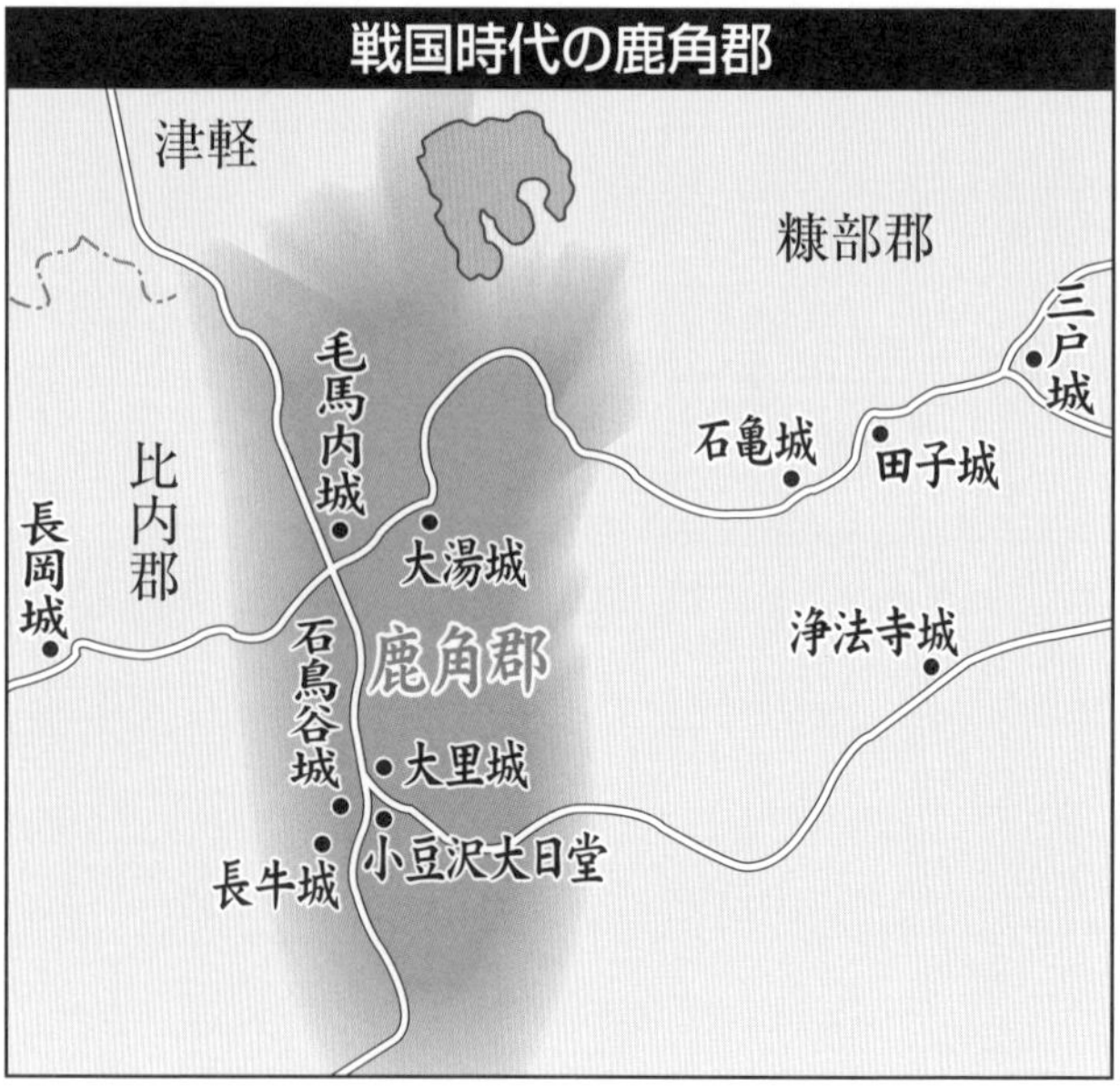

文明18（1486）年、鹿角郡南に所在する「鹿角惣鎮守《そうちんじゅ》」の小豆沢大日堂（養老山喜徳寺）の修造を行った「日那」（領主）は、「丹治朝臣《たんじあそん》大里上総《かずさ》」つまり大里氏である。ところが、これ以前の長禄4（1460）年、同社に鐘を奉納していた「大檀那《だいだんな》」は安東師季であった。安保（丹治）一族の惣領家大里氏らが勢力を持つ鹿角郡に、安東氏の勢力が急速に浸透していた。

しかし、この鹿角郡南に一戸氏が進出することで、安東氏勢力の駆逐と、鹿角郡における南部氏の橋頭堡《きょうとうほ》が構築されたとみて間違いない。長享2（1488）年、安東師季は、念願の津軽奪回をできず自害し、以後、両氏間の戦闘はやむことになる。

約半世紀後の天文期（1532～55年）、三戸南部氏の当主安信（晴政の父）の弟田子高信・石亀信房が、三戸城西方の北門《きたのかど》田子城（青森県田子町）、石亀城（同町）に、また末弟の毛馬内信次が天文5（1536）年に鹿角郡北の毛馬内城に配されたという。三戸から田子、石亀、そして来満《らいまん》峠を越えて大湯、毛馬内という鹿角郡北までの奥筋往来（現秋田街道）が確保された。

　こうした中、天文19（1550）年、安東舜季《きよすえ》（愛季の父）との合戦で、陸奥国比内郡（秋田県大館市）の領主浅利則頼《のりより》が敗れ、討ち死にしたとされる（『浅利軍記』）。また、永禄5（1562）年、安東愛季は、則頼の跡を継いだ則祐《のりすけ》を謀殺し、その弟勝頼を浅利氏の家督に据え傀儡《かいらい》とした（「長崎氏旧記」）。安東領・南部領間の緩衝地帯であった比内郡への安東氏の進出は、南部氏の鹿角郡支配の強化に刺激されたものであろう。

　郡北の毛馬内は、東西南北から主要街道が集約される郡内最大の要衝で、比内郡に対する最前線に位置付けられた。この天文・永禄初期の緊張の高まりを背景に、永禄期「鹿角郡合戦」が起こることになる。

甲斐国と比内浅利氏

長禄元（1457）年の売券（証文、「米良《めら》文書」）は比内浅利氏について「甲斐国浅里（利）之地下一族一円、出羽国ニ、其外日本国浅里一族」と記す。浅利氏は、甲斐国浅利郷（山梨県中央市）を名字の地とする一族であった。一方、応永23（1416）年の売券は、糠部《ぬかのぶ》南部氏を「奥州南部の一族」と記す。甲斐南部氏の系譜から自立した「奥州南部氏」の成立を示している。

信直、政実の台頭

鹿角郡合戦Ⅲ

熊谷隆次

「鹿角郡合戦」は、永禄元（1558）年から周到に準備が進められた。安東愛季《ちかすえ》は従属下にある比内郡（秋田県大館市）郡主浅利勝頼を介し、奥筋往来（現秋田街道）、鹿角街道の入り口を押さえる大湯氏、大里氏ら鹿角郡（同鹿角市、小坂町）郡内諸将の調略を図った。鹿角、比内の郡境で会見が持たれ、鹿角郡南の一戸南部氏、同郡北の三戸南部氏の庶流毛馬内《けまない》氏を除く安保《あぼ》、成田、奈良、秋元の一族が安東方に服属したとされる（『鹿角由来記』）。

永禄8（1565）年7月ごろ、愛季は鹿角郡制圧のため、同郡の領主らを誘う書状を発したとされる（『鹿角大日堂故実伝記』）。

翌9（1566）年に年次比定される4月25日付書状（「弘前佐藤文書」）で愛季は大湯氏に対し、街道の安全確保と鹿角郡内全ての諸将の「与力」（服属）を依頼するとともに、大里氏からの返答次第で軍勢の総数が決定されると伝えた。また、最新鋭の火器である鉄砲を携帯させた家来を援軍として送るとした。

この周到な準備を踏まえ、同年9月ごろ、愛季は5千もの大軍で鹿角郡へ侵攻した。「鹿角郡合戦」（『参考諸家系図』）である。大湯氏、大里氏の他、比内郡の浅利氏、阿仁《あに》の神成氏、由利七旗衆、松前の蠣崎《かきざき》氏らが従った。先陣は、城主一戸政友が籠城する郡南の石鳥谷《いしどりや》城を落城させ、さらに南下して城主長牛《なごうし》（一戸）正道がこもる長牛城を攻めた。

この危急の報に接した田子城（青森県田子町）城主南部（田子）信直は、一方井《いっかたい》、田頭、松尾、沼宮内、堀切、栗谷川、平館ら岩手郡（岩手県盛岡市および周辺）北部の諸将を長牛城へ出陣させた。当時21歳の信直は南部晴政の嫡女《ちゃくじょ》を正妻に迎え、三戸氏の世継ぎとなっていたと推定される。信直の実父田子高信は天文9（1540）年、岩手郡に勢力を拡大。この後、同14（1545）年に一方井安正の娘関を娶《めと》り、翌年、信直が誕生していた。その田子氏に従属する岩手郡北の諸将は、安東勢の大軍にことごとく討ち取られて撤退し、鹿角郡は安東方の手に落ちた。

＊写真は長牛城の郭の一つである八幡館

翌永禄10（1567）年2月末の長牛城での戦闘では、南部方は長牛正道の伯父長牛弥九郎や軍大将長牛政武ら多数が討ち死にし、安東方も比内浅利氏の重臣八木橋、杉沢、片山ら多くの将兵を失った。このため、南部晴政は一族北氏、東氏、南氏、西越《さいごし》氏の4将を大将とする軍勢を援軍として送った。

これに対し、同年10月15日、安東勢は家老大高主馬《しゅめ》を大将に6千騎で谷内城の攻城と周辺民家の焼き払いを行い、翌日はその南の長牛城を襲撃した。この攻城戦でも、双方多数が討ち死にし、南部方は長牛城を放棄して三戸へ撤退した。

翌11（1568）年、晴政の命で田子信直は「奥郡」（糠部《ぬかのぶ》郡北）の軍勢8千騎余を率いて奥筋往来から出陣、大湯村（鹿角市）に陣取って西方の小坂城を落とした。

一方、久慈郡（岩手県久慈市）、閉伊郡（同三陸沿岸部）、浄法寺（同二戸市）の軍勢4千騎余を率いて鹿角街道を進み、鹿角郡南の三ケ田村に着陣した大将が「九戸殿」（九戸政実《まささね》）であった。

政実は、大里氏ら鹿角勢がこもる長牛城の攻城戦開始前に家来の坂牛氏、蛇口氏を使者に立て、降伏勧告を行った。籠城兵は皆これに応じ、武具を捨てて降伏した。ここに、3年にわたる永禄期「鹿角郡合戦」が終結した。

なお、江戸時代にまとめられた記録に、信直と政実の活躍が初めて具体的に記されたのが、この「鹿角郡合戦」である。奥郡の領主を配下に置いた信直と、久慈郡、閉伊郡、浄法寺の軍勢や降伏させた鹿角勢を支配下に置いた政実は、この後、熾烈《しれつ》な抗争を展開させていく。

安倍氏と田子信直

永禄11（1568）年に出陣した田子信直軍の先導役は、鹿角郡小豆沢大日堂の別当安倍刑部左衛門《ぎょうぶざえもん》で、その祖は文明期に来住した一戸出身の武将安倍守綱とされる。また天文7（1538）年、信直の実父高信と協調関係にあった一戸氏の家来に「安倍丹後守《たんごのかみ》」がいた（「米良《めら》文書」）。信直の母は一方井氏で、本姓は「安倍」である。安倍氏と信直との深い関係性を示している。

北奥身分秩序の動揺

「斯波御所」と晴政

熊谷隆次

安東氏との「鹿角郡合戦」が終結してから3年後の元亀2（1571）年、奥州斯波《しば》氏の所領斯波郡《しわ》（岩手県紫波町）の百姓と南部領岩手郡（同盛岡市および周辺）の百姓との間で紛争が起こった。これを機に、翌3（1572）年、南部晴政と斯波詮真の間で合戦が起こったとされる。

『祐清私記《ゆうせい》』はこれを「境目争論」と記す。一般的に戦国期の紛争が「国郡境目相論《そうろん》」と記されたように、武力衝突は境界を巡る紛争を機に起こる場合が多かった。当時、三戸南部氏は岩手郡北を押さえて不来方城《こずかた》（盛岡市）を、「斯波御所」と尊称された奥州斯波氏は岩手郡南を押さえて見前館《みるまえ》（同市）を、それぞれ最前線の城館とした。この「境目争論」は、岩手郡を巡る両氏間の争奪戦であった。

なお、斯波、南部両氏は既に天文期に武力衝突を起こしており、近世の記録はこれも不来方を巡る「境論」と記す。年次は天文9（1540）年、同12（1543）年、同14（1545）年と諸説ある（「陸奥盛岡南部家譜」、『参考諸家系図』）。斯波氏が不来方城を襲撃したのに対し、晴政は叔父田子高信を大将に出陣させ、勝利を収めた。斯波氏は稗貫郡《ひえぬき》鳥谷崎城《とやがさき》（岩手県花巻市）城主稗貫輝家に「扱《あつかい》」（調停）を依頼し、南部氏と講和を結んだという。

永禄末（1570年）ごろ、南部晴政は「斯波殿」（斯波御所）から重要な案件につ

奥州斯波氏の居城であった高水寺《こうすいじ》城跡。現在は公園となっている
＝岩手県紫波町

いて返答を求められた（南部晴政書状「南部光徹《こうてつ》氏所蔵文書」）。これも両者間の紛争か、その講和に関わるものとみられ、晴政は根城（青森県八戸市）城主八戸政栄《まさよし》に諮問している。八戸氏が「家督」三戸氏の意思決定に参画していたことが分かる。

16世紀初頭、斯波詮高《あきたか》は、次男詮貞《あきさだ》（または詮員《あきかず》）、三男詮義を岩手郡西部の雫石、猪去《いさり》に配し、見前館と合わせて岩手郡北への最前線を構築した（『参考諸家系図』『伝疑小録』）。両者は以後、「雫石御所」「猪去御所」と尊称されたが、詮員は娘を糠部《ぬかのぶ》郡（青森県東部、岩手県北）南部の葛巻信祐へ嫁がせ、斯波御所は執権（筆頭家臣）簗田影光の妻に岩手郡北の領主である厨川光勝の娘を迎えた。葛巻、厨川は共に工藤氏であり、斯波氏はこの一族を味方に引き入れることで、北への影響力を強めたのである。

同じ天文期、南部方では、田子高信が一方井《いっかたい》安正の娘関を側室に迎えるなどして岩手郡北に進出した。これは、斯波氏が岩手郡北にとどまらず、南部氏の本領である糠部郡へも調略の手を伸ばしたことへの対抗であろう。

元亀3（1572）年の合戦において、南部晴政は田子高信の他、福士伊勢（不来方城主）、一方井氏、これに九戸政実《まさざね》も加えて派兵し、戦況を優勢に進めた（『祐清私記』）。このため、再び稗貫輝家が「扱」に入り、見前を南部氏に譲渡すること、九戸政実の弟康実《やすざね》（後の中野直康）を斯波御所の婿養子に入れることを条件に講和が成立した。

三戸氏にとってこの合戦の意義は、岩手郡南へ領土を拡大させたことと、永禄期の「鹿角郡合戦」と同様に主力が田子氏と九戸氏で、両氏が存在感を増す契機の一つとなったことの2点にある。

一方、斯波御所は、この合戦を機に「武威大ニ衰フ」「国勢大ニ衰フ」と記されている（『奥南落穂集』『参考諸家系図』）。「御所」斯波氏の衰退は、室町期以来の北奥の身分秩序を動揺させ、周辺の和賀郡（岩手県北上市および周辺）、稗貫郡（同花巻市および周辺）、遠野郡（同遠野市）および葛西領（宮城県北部）の領主らに甚大な影響を与えることになる。

■ 奥州斯波氏

斯波郡は室町幕府の管領《かんれい》斯波氏の名字の地であり、南北朝時代には奥州北朝方の拠点であった。奥州斯波氏は管領家の庶流で、家祖は家長とされる（「奥州斯波系図」）。文明18（1486）年の史料に「奥州大崎・斯波両所御所」（「米良《めら》文書」）と記されたように、室町期、同じ斯波一族の奥州探題《たんだい》大崎氏と共に「御所」と称される高い家格を有し、奥州における身分秩序の中心的存在であった。

幕府は依然重要な権威

北奥の領主と室町将軍

熊谷隆次

三戸南部氏と斯波《しば》御所の合戦が起きる前年の元亀2（1571）年、奥羽最大の戦国大名伊達輝宗が葛西領（宮城県北部）に侵入したとされる。葛西晴胤《はるたね》は伊達氏を撤退させたが、伊達氏による奥羽の地域的統一の手は北奥にまで及ぼうとしていた。

「南部文書」（「南部光徹《こうてつ》氏所蔵文書」）の中に、年月日、発給者、宛所ともに欠く中世の書状が1通ある。従来全く分析されてこなかったが、近年、筆跡から南部晴政の直筆書状であることが判明した。宛所は根城（青森県八戸市）城主八戸政栄《まさよし》と推定される。

晴政は、「伊達之馬」（伊達氏の軍勢）が、葛西領に侵入したという情報が「岩手」からもたらされたと報じている。年次は、伊達勢が葛西領に侵入した元亀2年に比定可能である。「岩手」とは、南部領南端の押さえである岩手郡不来方《こずかた》城（岩手県盛岡市）の福士氏であろう。

晴政は、この想定外の伊達勢の「乱入」に対し、葛西領の北方にある斯波、和賀、稗《ひえ》貫《ぬき》、遠野ら「隣郡」の領主が、「合力《ごうりょく》」（協力）して出陣すると報じている。南部領の南に位置する4郡の領主と葛西氏らは、一種の集団的安全保障体制を構築していた。

天文・元亀期の2度にわたる斯波・南部間の合戦で、稗貫郡鳥谷崎《とやがさき》城（岩手県花巻市）城主稗貫輝家が劣勢の斯波氏側に立ち、「扱《あつかい》」（調停）を行って講和を締結させたのは、この体制による。地域の領主が報復（自力救済）の連鎖を断ち切るために取った一般的な慣行であり、中世史研究では「中人《ちゅうにん》制」と呼んでいる。

この輝家が、斯波御所の一族から稗貫氏に嗣子《しし》として入ったように、葛西、斯波、稗貫、和賀、遠野の間の「合力」は、何世代にもわたる複雑な婚姻・養子縁組によって維持されていた。なお、4郡のうち遠野は当初「遠野保《ほ》」と称されていたが、戦国期には遠野郡と呼称され、その「遠野」を阿曾沼《あそぬま》氏が名字とした。

稗貫輝家は天文24（1555）年に上洛《じょうらく》し、室町幕府13代将軍足利義輝に謁見《えっけん》した。

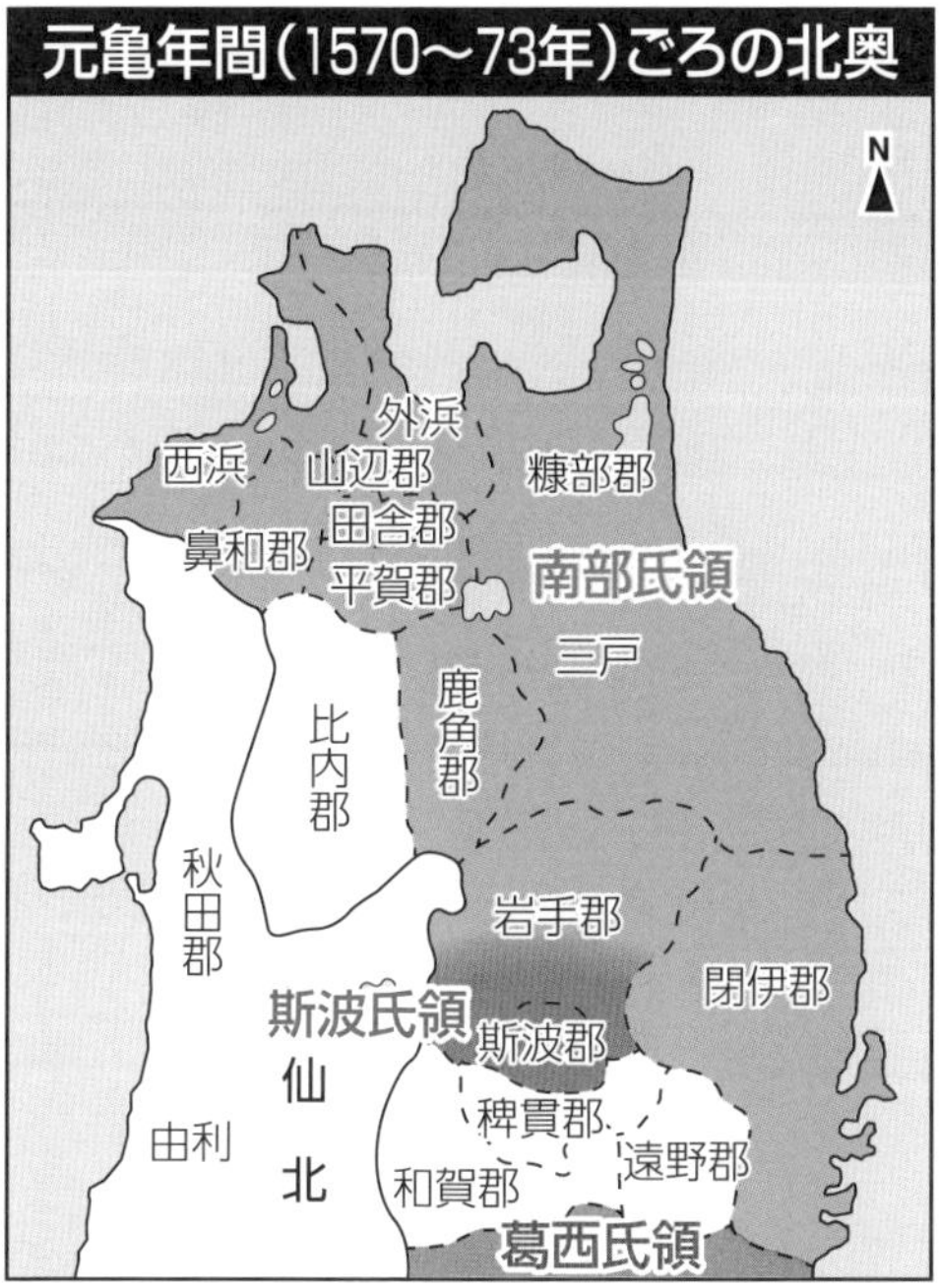

＊遠藤ゆり子編『東北の中世史４　伊達氏と戦国争乱』掲載の地図を基に作成

これを機に「輝」の1字を与えられ、「義時」から「輝時」（後の輝家）に改称した。奥羽では、奥州探題《たんだい》大崎義直、仙北の小野寺輝道、秋田の大平隆元、由利の滝沢氏、仁賀保《にかほ》氏らも上洛し、一括して「奥州上洛衆」と記された（『讒拾集』『蜷川家文書』）。

小野寺輝道や伊達輝宗、

江刺郡（岩手県奥州市および周辺）の江刺輝重にも見えるように、「一字拝領」は戦国期の奥羽で多く確認される。9代義尚、10代義稙《よしたね》、12代義晴も1字を与えており、南部晴政も天文8（1539）年の上洛で義晴から「晴」の1字を与えられた（『大館常興《おおだちじょうこう》日記』）。

権力を低下させた室町幕府は、勢力圏を当時「天下」と表現されていた近畿に縮減させていたとはいえ、地方の領主にとっては地域支配の正統性を付与する重要な権威であった。

永禄2（1559）年、幕府は、大崎氏が世襲する奥州探題に伊達氏を任じたが、これは足利義輝による遠国への影響力強化策の一環とされる。しかし、同8（1565）年、義輝は、河内国（大阪府）の戦国大名三好義継と三好三人衆らの軍勢の襲撃を受け、自害に追い込まれた。

これにより奥羽の政治秩序は動揺し、領主は所領の保全と政治秩序の再編・構築のため新たな権威の源泉を求めた。永禄11（1568）年、「天下再興」「天下静謐《せいひつ》」のため足利義昭を奉じて上洛した織田信長が、ここに登場する。

郡名を名字に

戦国期の岩手郡、鹿角郡、閉伊郡、津軽では、「岩手氏」のような郡名を名字とする領主は現れなかった。郡を統一する領主が成立しないまま「南部」領に編成されたからである。三戸南部氏は地域内では「三戸」と呼ばれたが、対外的には郡名の「糠部《ぬかのぶ》」ではなく「南部」と呼称された。1郡を越えて周辺に勢力を展開するその地位は、北奥では別格であった。

正統性支える新たな権威

織田信長と晴政

熊谷隆次

織田信長政権については、戦国時代が終わり、近世が始まった時期という古典的学説がある。ここでは、近年の信長研究と南部氏とを関連させながら述べたい。

永禄11（1568）年、信長に奉じられて上洛《じょうらく》した足利義昭が15代将軍に就任した。これにより、室町幕府は再興（「天下再興」）された。翌月、南部晴政は、家臣中野可正を上洛させ、義昭へ白鳥を献上したとされる（『参考諸家系図』）。

翌12（1569）年、領土拡大を図る信長は、隣国の伊勢国（三重県）の国司北畠具教《とものり》・具房《ともふさ》父子を攻めて降伏させ、次男の信雄《のぶかつ（のぶお）》を北畠氏の家督に据えた。その信雄は天正4（1576）年、具教ら一族を殺害、具房の身柄を拘束した。事実上の伊勢国司家の滅亡である。

天文21（1552）年、北畠具教が従四位下《じゅしいのげ》に叙された6日後、津軽の「浪岡御所」浪岡（北畠）具永《ともなが》も従四位下・左中将《さちゅうじょう》に、その孫具運《ともゆき》は式部大輔《しきぶのたいふ》に叙任された（『言継《ときつぐ》卿記《きょうき》』『歴名土《れきみょうど》代《だい》』）。名字の1字「具」は具教から授与されたものと推定され、浪岡氏は、北畠氏の嫡流《ちゃくりゅう》伊勢国司家と関係を保つことで、戦国期、貴族としての権威を維持していた。

ところが浪岡御所は、永禄5（1562）年の「川原御所の乱」で当主具運が一族具信によって殺害され、幼主顕村《あきむら》が立つなど、衰退の兆しを見せていた（『永禄日記』）。

織田信長が築いた安土城の天守台跡。天守を支えた礎石が残る＝近江八幡市安土町

天正4年の具教殺害はその衰退を決定的なものにしたと考えられる。その2年後に浪岡顕村は、大浦（津軽）為信により自害、または逆臣により押し込められて殺害されたとされ、ここに浪岡御所は滅亡した。

足利義昭は当初、信長と連合（二重）政権をとっていたが対立。合戦の末、天正元（1573）年、信長に敗れて京都から追放され、室町幕府は事実上滅んだ。『奥南盛風記』は同年、南部信直が側近小笠原直吉《なおよし》を信長の元へ派遣し、「大膳大夫《だいぜんのだいぶ》」を請い受けて改名したと記す。ただし、当時の三戸氏当主は晴政であるため検討を要する。

北奥羽の領主の中で、いち早く信長への服属を表明したのは出羽国（秋田県、山形県）の安東愛季《ちかすえ》で、天正3（1575）年、家臣「南部宮内少輔《くないしょうゆう》」を信長の元へ派遣、同5（1577）年に従五位《ごい》下、同8（1580）年には従五位上・侍従に叙任された（『秋田家史料』、『信長公記』）。

安東氏に服属する松前の蠣崎《かきざき》季広は天正6（1578）年、子正広を安土（滋賀県近江八幡市）へ参上させ、信長を「上様」と尊称していた。翌7（1579）年、出羽国仙北（秋田県東南部）の前田薩摩守《さつまのかみ》と遠野郡（岩手県遠野市）の遠野孫次郎も安土へ参上した（『信長公記』）。天正期、北奥羽の領主は自己の支配の正統性を支える権威を、室町幕府将軍から信長に転換させていた。

近年、南部氏と信長とを結び付ける書状の写し（大島正隆氏採訪「秋田家史料」）が確認された。年次は天正8年ごろで、越前国（福井県）を預かる信長の重臣柴田勝家が安東愛季に対し、鷹を求めて滝波久兵衛を「津軽・糠部《ぬかのぶ》」へ派遣するため、安東領内の街道通行の世話を依頼したものである。

信長は大名との交渉開始の際、鷹師《たかし》（鷹匠《たかじょう》）を派遣することが多い。「津軽・糠部」を支配する南部晴政と織田政権は、このときに関係を持った可能性が高い。天正8年は、南部氏の津軽支配を正当化する浪岡御所が滅亡して2年後である。

なお、天正10（1582）年、南部信直の命で重臣北信愛《のぶちか（のぶよし）》が南部系図を携行して信長の元へ向かったが、途中、「本能寺の変」で信長が自害したという情報に接し、帰国したという（『祐清私記《ゆうせい》』）。

南部宮内少輔

江戸時代の記録『聞老遺事《もんろういじ》』などは『織田軍記』収録の記事として、天正6（1578）年8月5日、南部信直が安土城の織田信長の元へ使者を派遣し、鷹5羽を献上したと記す。しかし、『信長公記』には同日・同内容で安東愛季の使者「奥州津軽の南部宮内少輔」が登場する。近世の史家がこれを南部家臣と誤って解釈したとみられる。

櫛引八幡宮造営で宣言

熊谷隆次

信直の家督就任

南部信直は天文15（1546）年、三戸南部氏の一族田子高信の長子として誕生した。信直は成長後、嫡子《ちゃくし》に恵まれなかった三戸氏当主南部晴政の嫡女《ちゃくじょ》を娶《めと》り嗣子《しし》になったが、晴政に実子晴継が生まれたことから関係が悪化、廃嫡《はいちゃく》させられて田子城（青森県田子町）に戻った。これは、江戸時代編さんの系譜・記録類によって描かれた、信直の家督就任に関わるストーリーである。しかし、これを裏付け得る同時代の一次史料は、三戸氏一族東政勝の書状1通（「南部光徹《こうてつ》氏所蔵文書」）しかない。

書状は、南部晴政と「九郎」（南部信直）の間に何らかの紛争が起こり、その「無事」（調停）のため、信直の「親父」が頼みとしていた一戸氏が「田子」へ派遣されたと記す。晴政と信直の対立、信直の田子城居住、信直の「親父」（実父）の存在が確認できる。

後の文禄2（1593）年、信直は出羽（秋田県、山形県）の安東（秋田）氏当主実季《さねすえ》との対立関係の解消のため縁戚関係を結ぶ約束をした。前年の書状で信直は、両家は長年対立してきたが、これは「先代之意趣」（遺恨）によるもので困惑していると「親」もいつも言っていた、と回顧している。「先代」とは「鹿角郡合戦」時の当主晴政であろう。「先代」晴政と実の「親」が別人であることも改めて確認できる。

ここで、大きな問題が生じる。系譜上、信直の「先代」は、晴政ではなく晴継とされているからである。晴政の没後、実子晴継が幼少で家督を継承したが間もなく没し、信

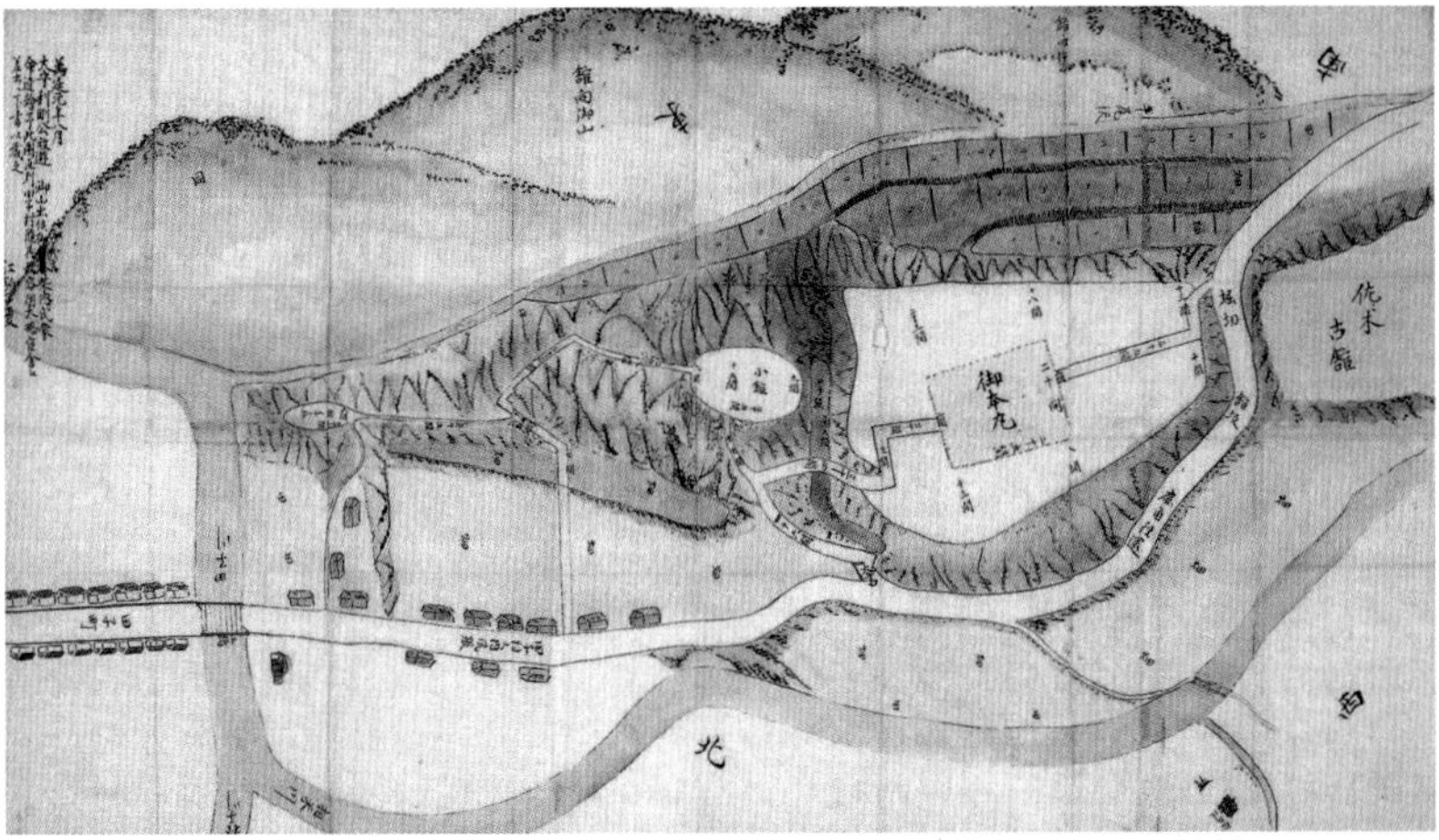

江戸時代に描かれた田子城の絵図。「御本丸」「小舘」などが見える。糠部郡《ぬかのぶ》（青森県東部、岩手県北）西部の北門《きたのかど》に所在。三戸城の西を守護するとともに、鹿角郡（秋田県鹿角市、小坂町）への街道を押さえる重要拠点でもあった（三戸町教育委員会提供）

直と九戸実親《さねちか》（政実《まさざね》弟、晴政の娘婿）の間で熾烈《しれつ》な家督争いが起きた。これを三戸氏の一族北信愛《のぶちか（のぶよし）》がクーデターで制し、信直を田子城から迎え、家督に据えたという。

　後世の記録が語るように、信直の家督相続は「戸《へ》」の領主などの同意が得られず、武力発動を伴うものだった可能性は高い。しかし、晴継の存在はどうか。晴継の「晴」の1字は、室町幕府将軍足利義晴から授与された形跡はない。また、幼くして没したとされながら、「晴継」と元服後に称する実名《じつみょう》を名乗っている。死因には、疱瘡《ほうそう》、暗殺の2説あるなど、晴継の家督継承には多くの疑問が存在する。

　信直が自分の「先代」を晴政と認識していたのは、晴継が夭折のため家督を継承できなかったか、晴継そのものが歴史上存在しなかったか、どちらかである。晴継の家督継承は、後世の創作であろう。

なお、信直の家督就任年代は従来、天正10（1582）年とされてきた。しかし、これを実証できる一次史料は現存しない。江戸時代の編さん物には、元亀3（1572）年、天正8（1580）年、同9（1581）年、同10年など多くの説が記され、後年の編さん物で年代を確定することも不可能である。天正10年説は、一定の状況証拠に基づく仮説にすぎない。

筆者はこれを1年引き上げ、天正9年説を提示した。近年、江戸期に編さんされた櫛引八幡宮（青森県八戸市）の造営記録『遷宮覚』が発見された。これには「天正九年」に「木村木工助《もくのすけ》」（秀勝）が信直の「名代」として櫛引八幡宮の造営を執行したという記載がある。木村は当時信直の側近で、櫛引八幡宮は南部一族の氏神である。その造営責任者に側近を就任させ得る権利者は、南部氏の当主しか考えられない。九戸政実ら南部一族に対して、信直が家督就任を宣言するための造営事業だったといえよう。

信直・政実間の抗争

天正9（1581）年、九戸政実が逆意を企てた際、櫛引八幡宮の別当普門院源応は三戸方に付いたとされる。同年には一戸政連が政実に謀殺され、また、八戸政栄《まさよし》が政実に通じていた一族八戸経継を捕縛（翌年殺害）する事件が起こったとされる。八戸氏、一戸氏が信直方であったことは事実であり、両氏は信直・政実間の激烈な抗争に巻き込まれ、家の断絶や動揺を招いていた。

Ⅳ

南部信直の決断

～豊臣政権の奥羽仕置と九戸一揆

北奥でいち早く豊臣に臣従

信直と「取次」前田利家

熊谷隆次

天正10（1582）年、織田信長が「本能寺の変」で倒れた後、織田家重臣の中で権力を高めた羽柴（豊臣）秀吉は同13（1585）年、関白に任じられて政権を樹立、天下統一を進めた。この豊臣政権に対し、北奥の領主の中でいち早く臣従の意思を示したのが南部信直であった。

天正14（1586）年とされる8月12日付の朱印状（もりおか歴史文化館所蔵）で豊臣秀吉は信直に対し、加賀国金沢（石川県金沢市）の前田利家を介して伝えられた「内証之趣《ないしょうのおもむき》」を了解したと報じた。秀吉にとって利家は織田家臣時代の同僚で、「おさなともだち」と呼ぶ（太閤《たいこう》様御覚書「浅野家文書」）近しい存在で、既に秀吉に服属していた。秀吉朱印状に書状を副《そ》えた利家も信直に、「左衛門尉《さえもんのじょう》」（信直の重臣北信愛《のぶちか（のぶよし）》）から書状を預かり、「内存《ないぞん》之趣」を秀吉に伝達したと報じた。信直の「内証之趣」「内存之趣」とは何であったのか。

北信愛直筆とされる『北松斎手扣《きたしょうさいてびかえ》』によると、翌15（1587）年2月、信直は加賀へ信愛を派遣した。4月、信愛は金沢に到着して利家に謁見《えっけん》。島津攻めのため九州在陣中の秀吉に信直の意向を取り次いでくれるよう依頼した。信愛は前田家中《かちゅう》の者と能を見物したり、鷹狩りを楽しんだりし、利家から直接茶の振る舞いも受けた。魚取りに出掛けた際は、奥村助右衛門ら重臣が包丁を手に魚をさばいた。なますは利家自ら作り、利家の兄利久・安勝が器に盛るなど、加賀滞在中の信愛は非常に歓待された。

8月、加賀をたった信愛は出羽国酒田（山形県酒田市）から陸路を採り、仙北（秋田県東南部）を経て帰国した。『北松斎手扣』などを基に編さんされた『信直記』は、信愛が信直に対し、近隣の敵や九戸政実《まささね》の不穏な動きをけん制するため、領地支配を保障する秀吉の朱印状を獲得すべきこと、その交渉ルートを構築するため信愛自ら加賀へ出向くことを進言し、承諾されたと記す。

前田利家肖像画。豊臣秀吉死後、その後継者秀頼の傅《もり》役として「五大老」の中でも重きをなした
（金沢市・尾山神社所蔵）

信直を「関白様」（秀吉）に取り次ぐことと、信直の身の保障を約束した天正15年6月29日付の「前田利家起請文《きしょうもん》」（もりおか歴史文化館所蔵）が現存する。信直は家督相続以来の家中の混乱を、新たな中央権力の後ろ盾を得ることで克服しようとしたのであった。「内証之趣」とは、内外の敵や抵抗勢力に関するものであろう。この後、利家は終生、信直と豊臣政権との間を仲介する「取次」になる。

仙北の領主小野寺氏が、元織田家臣で当時は前田氏に仕えていた千福遠江守《とおとうみのかみ》宛てで出した天正16（1588）年3月7日付の書状（「千福文書」）には、「去秋」（天正15年秋）に「南部左衛門尉」（北信愛）が小野寺領を通って帰国したという重要な一文がある。遠藤巌《いわお》氏が初めて紹介した書状だが、『北松斎手扣』に記された信愛の帰国時期（8月＝秋）と帰国ルート（仙北～南部）の正しさを裏付けるものであった。小野寺氏の別の書状では、天正15年冬、前田氏が鷹取《たかとり》を南部領へ派遣したことも記されている。

北信愛が帰国する際や、鷹取が南部領へ下向する際、同行した前田家の使者は、それぞれ主君の書状を小野寺氏にもたらした。また、小野寺氏は、これに対するお礼と「関白殿」（秀吉）への臣従を、千福氏を通じて前田氏に報じていた。南部氏だけでなく小野寺氏も、天正15年前後に利家を取次として豊臣政権に服属することになった。

▌田名部の領主は…

天正15（1587）年4月、前田利家は「南部殿」の依頼により、領国の越中、能登、加賀の浦々に住む百姓らに対し、「南部之領知」である「田名部」（青森県下北半島）からの逃亡船を拿《だ》捕《ほ》するよう命じた。「南部殿」とは三戸南部氏の当主南部信直のことである。八戸氏（根城南部氏）の所領田名部は、利家側には信直の「領知」という認識があった。田名部は約30年後、三戸氏が「借上」という形で接収することになる。

調略重ね斯波郡攻略

信直の南下政策

熊谷隆次

南部信直は天正後期、領国最南端の岩手郡（岩手県盛岡市および周辺）北部からさらに南下を進めていた。

これに対し、天正11（１５８３）年、旧室町幕府管領《かんれい》家に連なる「斯波《しば》御所」斯波詮直《あきなお》（高水寺《こうすいじ》城主、岩手県紫波《しわ》町）が不来方《こずかた》（盛岡市）に侵攻。同年、南部方の鹿角郡長牛《なごうし》城（秋田県鹿角市）城主長牛（一戸）正道の弟彦六が斯波《しわ》郡に出陣、「大萱生陣《おおがゆうのじん》」で討ち死にしたという（『参考諸家系図』）。同年付の米内大豆門権現（盛岡市）所蔵の棟札は、造営主を「不来方淡路」と記す。不来方城は岩手郡北の南部方の拠点で、城主「不来方淡路」は三戸南部氏家臣福士光貞である。

天正14（１５８６）年9月、南部信直は、岩手郡西部に拠《よ》る斯波氏一族の「雫石御所」斯波詮員《あきかず》を逐《お》った。また同15（１５８７）年7月初め、斯波御所の重臣石清水義教は信直方への内通が露見し、斯波氏の襲撃を受けた（「石清水合戦」）。これと連動するように同月下旬、八戸氏、九戸政実《まさざね》ら５００騎が不来方の慶膳《けいぜん》館まで出陣したという。

激化した紛争は、天正16（１５８８）年8月、信直が斯波御所を滅ぼし、斯波郡を掌握することで終結した。斯波御所は戦わずして主従わずか6、7人で逃亡、一族の「雫石御所」雫石詮員、「猪去《いさり》御所」猪去義方も出奔したという。あっけない滅亡であった。

これより以前、斯波家では家来の離反が相次いでいたとされる（『奥南落穂集』）。斯

天正16(1588年)ごろの北奥

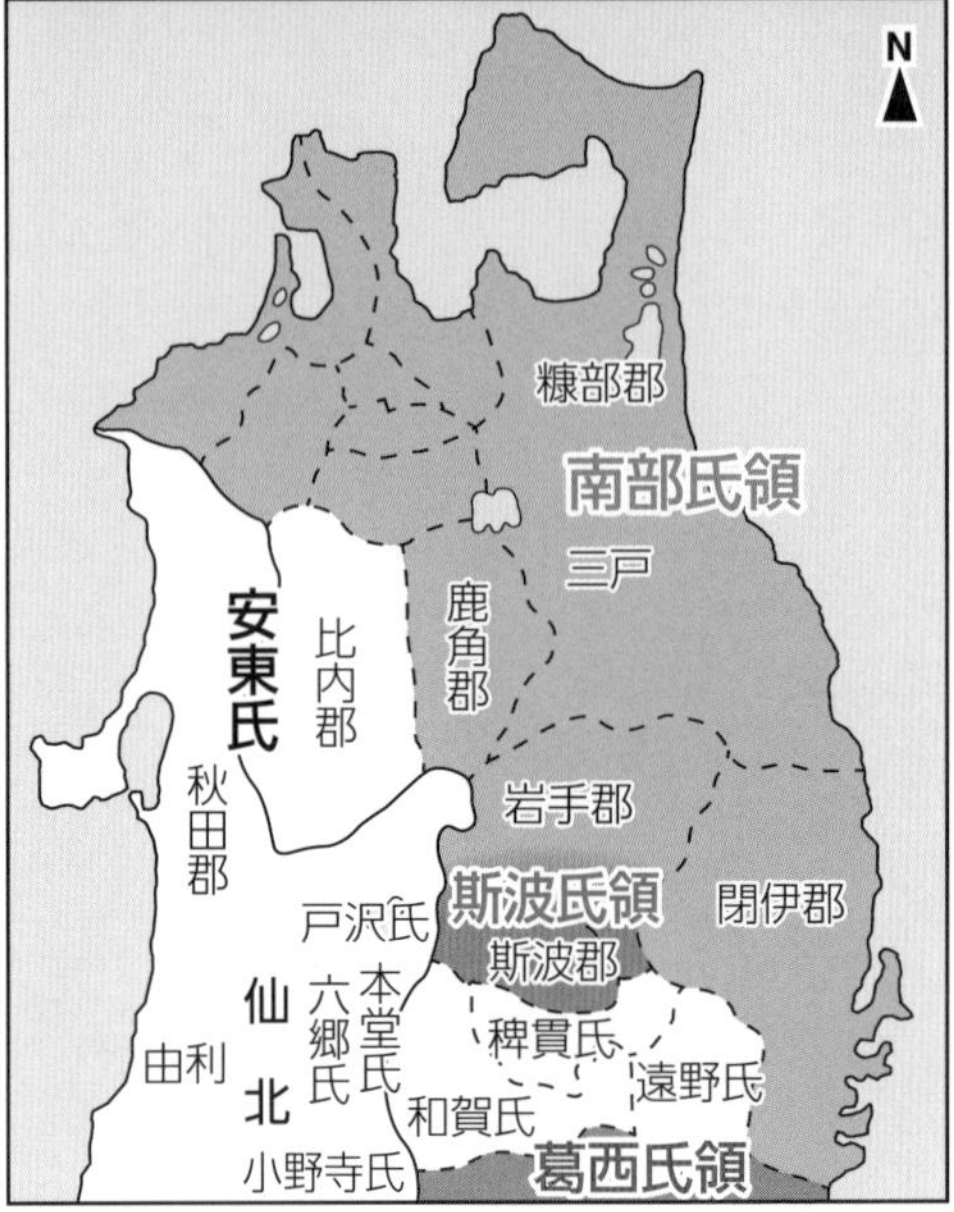

＊遠藤ゆり子編『東北の中世史4　伊達氏と戦国争乱』掲載の地図を基に作成

波御所滅亡の約3カ月前の天正16年5月、志和《しわ》稲荷神社が造営されていた。棟札には、大旦那「志和孫三郎詮直」の他、小旦那として斯波御所の執権「簗田中務少《なかつかさのしょう》輔詮泰」が記されている。その簗田詮泰は後の同19（1591）年の九戸一揆（九戸政実の挙兵）の際、信直方として行動しているため（「伊達家文書」）、簗田氏の離反は確実である。

九戸政実の実弟康実《やすざね》は、斯波御所の娘婿となり高田城（紫波町）に配されて高田氏を称していたが、これも離反していた。戦国期の南部氏について、相手方を内部分裂させて切り崩す調略を史料で実証することはほとんどできない。簗田氏、高田氏ら重臣・一族の離反は事実であり、貴重な事例である。

天正16年7月、斯波領の南の大名葛西晴信は信直へ書状（もりおか歴史文化館所蔵）を発した。信直は晴信に対して事前に斯波郡出陣を伝え、これに対し晴信はこの7月書状で「異儀」なし、と返信した。翌8月、晴信は信直の側近楢山義実《よしざね》へ書状（同）を発し、斯波御所滅亡を「大慶《たいけい》」と祝った。斯波郡掌握は、南部・葛西両氏間の事前協議を踏まえて実行に移されていた。

なお両氏は、斯波郡攻略に合わせて遠野郡（岩手県遠野市）での会談を図った。「遠野進退之儀」が協議の重要案件である。天正16年ごろ、葛西家中《かちゅう》の宗慎《そうしん》という人物が信直に発した書状（『宝翰類聚《ほうかんるいじゅう》』）によれば、遠野郡内で「錯乱」「遠一乱《とおいちらん》」という事態が起こっていた。南部・葛西領間の緩衝地帯であった斯波郡攻略後は、動揺する遠野郡が領土画定の焦点となっていたのであろう。

天正14年10月、出羽国仙北（秋田県東南部）の小野寺輝道は、信直の雫石攻略を祝して書状を発していた。また、小野寺氏の従属下にあった本堂道親は、同16年8月、信直に書状を発して斯波郡攻略を祝い（『宝翰類聚』）、翌9月には小野寺氏と六郷氏の紛争に乗じて山形城主最上義光《よしあき》が仙北へ侵入した場合の援軍を要請した（同文書）。

信直の南下は、領土画定に関する葛西氏との外交交渉、隣国出羽仙北の小野寺氏、本堂氏との軍事同盟強化を招来することになった。

福士一族

天正後期の不来方城主は福士秀純（光貞の兄）である。母は久慈治義の側室で、治義の兄弟に平蔵がいた。平蔵は南部領を出奔後、津軽鼻和郡大浦氏の娘婿となった。後の津軽為信である。秀純の妻は、九戸政実の一族姉帯大学の姉。こうした姻戚関係から、福士氏（後の鵜飼氏）は近世初期、苦難の道を歩んだが、寛文4（1664）年、八戸藩の成立に伴い八戸藩士となった。

内乱に乗じ秋田侵攻図る

安東氏統一と湊合戦

滝尻侑貴

戦国時代、安東氏は2氏に分かれていた。十三湊（青森県五所川原市）を本拠地とし、南部氏に敗北して蝦夷ケ島《えぞがしま》（北海道）に逃れ、後に出羽河北郡の檜山《ひやま》（秋田県能代市）を本拠地とした下国《しものくに》安東氏（檜山安東氏ともいう。以下、下国氏）と、下国から分かれ秋田土崎湊（秋田県秋田市）を本拠地とした湊安東氏（以下、湊氏）である。

宗家《そうけ》下国氏が南部氏に敗れて転々とする中、湊氏は京都御扶持《おんふち》衆として室町幕府とのつながりを深め、出羽南部の諸氏との交流を図るなど、勢威を振るっていた。当時、湊氏の勢力下であった檜山で下国氏が再興を果たすことができた背景には、当然ながら湊氏の強力な支援があったと考えられ、湊氏の勢力が下国氏に勝っていたと思われる。

しかし、永禄年間（1558～70年）になると湊氏には男子がなくなり、下国氏から養子を入れるなど自立権が薄弱化していく。この下国氏の介入に対し、湊氏家臣は豊島氏などを中心に反発、内乱となっていく。湊氏は、この内乱鎮圧を下国氏に要請したのをきっかけに、下国氏へ従属していき、元亀2（1571）年、両安東氏は下国安東愛季《ちかすえ》の下に統一されることになる。

愛季は、津軽、比内（秋田県大館市）、仙北（同県東南部）、由利（同由利本荘市および周辺）など各方面に勢力を伸ばし、大浦氏、南部氏、浅利氏、戸沢氏、小野寺氏、大宝寺氏などと干戈《かんか》を交える。また「織田信長と晴政」の項でも取り上げたが、織田信長との交流によって中央勢力との結び付きも深め、従五位上《じゅごいのじょう》・侍従に叙任するなど、外交方面に力を入れていた。しかし、内部では両安東氏の確執は残っていたのであろう。次の世代でそれが表面化する。

天正15（1587）年9月、愛季が死去し（翌16年＝1588年とする説もあり）、後を継いだのは年若い次男実季《さねすえ》だった。この実季に対し、湊安東茂季（愛季の弟）の子豊島道季を中心とする旧湊氏勢力が反発、同17（1589）年2月に交戦状態に突入する。

湊合戦の頃の出羽国

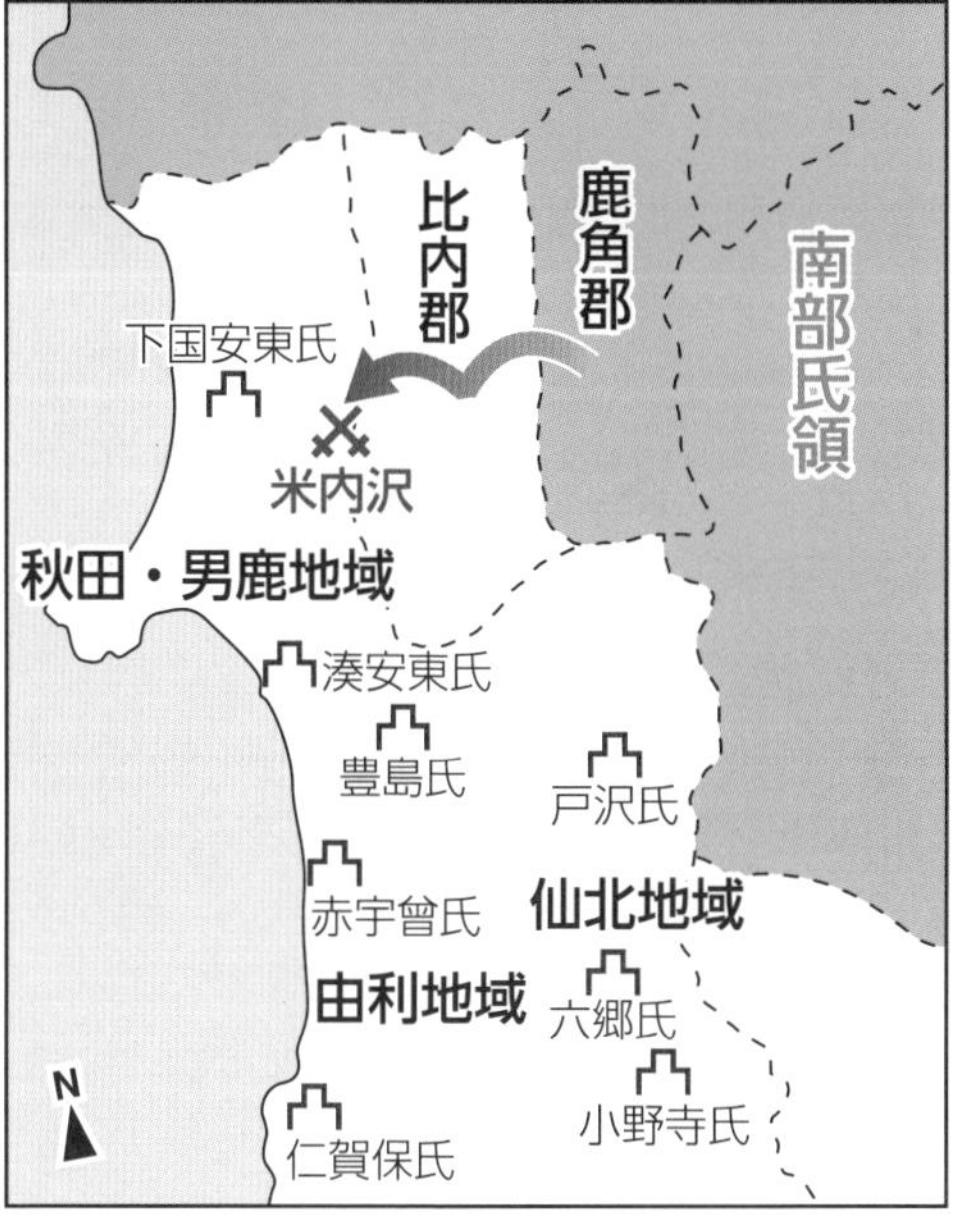

道季は角館城（秋田県仙北市）の戸沢氏をはじめとした仙北地域の諸氏と結び、当初優勢に戦いを進め、実季は湊城から檜山城へ撤退している。

実季は、いくつかの拠点を明け渡すことを条件に、一時和睦を成立させると、4月に仁賀保《にかほ》氏や赤尾津（赤宇曽）氏らの由利地域の諸氏に協力を要請して挟撃、9月には道季を仙北地域に敗走させた。

この出来事を通称「湊合戦」と呼ぶが、実季側からこの出来事を記した文書名が「湊檜山両家合戦覚書」（「秋田家史料」）であるため「湊・檜山合戦」とも呼ばれる。

なお、この合戦について『新羅《しんら》之記録』（蝦夷地の大名松前氏の史書）では、道季の母が蠣崎《かきざき》（松前）慶広《よしひろ》の妹だった関係で、実季とは別の立場から記しており、多角的に検討がなされている。

さて、この内乱に乗じて、南部氏は安東氏領の切り取りのため軍勢を派遣する。「佐竹石見組下大館給人《きゅうにん》家蔵文書」に、南部氏の動向を記した天正17年の書状が残されている。これによると、南部方は九戸氏と北氏を中心に、浄法寺氏や鹿角（秋田県鹿角市）の大湯氏なども従い、比内を制圧。米内沢塚の台（同北秋田市）まで攻め込んだが、萱森判官《かやもりはんがん》が討ち取られるなどして敗北に終わったようである。

「佐竹〜」は後世の創作が疑われる文書も含まれるが、『信直記』などにもこの時期の南部氏侵攻は記されており、大まかな流れはこのようであっただろう。

偽文書の可能性

「佐竹石見組下大館給人家蔵文書」には、南部氏撃退に功があった嘉成《かなり》重盛をたたえる湊安東茂季の書状があるが、偽文書と考えられている。この時点で茂季は亡くなっているためである。関連して、嘉成と、萱森判官を討ち取った嘉成の部下奈良岡惣五郎の戦功が記された文書が複数あるが、茂季書状に近しい内容、かつ同時代にあまり見られない年表記がある書状が含まれており、今後、真偽の検討が必要だろう。

相次ぐ南部、安東の侵攻

浅利氏と比内

滝尻侑貴

　南部領と安東領に挟まれた戦国期の比内（秋田県大館市）には南北朝期以来の領主浅利氏がいた。ただ、「浅利氏系図」には天文年間（1532～55年）に当主則頼《のりより》が津軽から比内に帰還して独鈷《とっこ》城を築いたと記され、南部、安東両氏の抗争に巻き込まれて、継続して比内にいられたわけではなさそうだ。

　比内に戻った浅利氏であるが、永禄5（1562）年、安東氏に攻められて則頼の子で当主であった則祐《のりすけ》が自害する（『坊沢村長崎氏旧記』）。その後は安東氏に従属したようで、後の「鹿角郡合戦」では安東氏方として南部氏と戦っている。

　天正7（1579）年、浅利氏は安東氏と干戈《かんか》を交える。この頃、安東氏は縁戚関係であった浪岡氏を滅ぼした大浦氏（後の津軽氏）と戦っており、浅利氏はこの隙を突いたか、大浦氏と連携したと思われる。

　天正10（1582）、翌11（1583）年ごろ浅利氏と安東氏は和睦を結ぶが、その席で浅利家当主勝頼（義正）が安東家臣蠣崎慶広《かきざきよしひろ》によって謀殺されてしまう（5月19日付「安東愛季《ちかすえ》書状」、『新羅《しんら》之記録』『源姓浅利氏系図并由緒書』）。このとき、勝頼の子久義（頼平《よりひら》）は津軽に落ち延び、大浦氏を頼った。

　久義は天正12（1584）、14（1586）、15（1587）年と、大浦氏の支援を受けて比内奪還を狙っている。特に15年は、安東氏では愛季が亡くなり幼年の実季《さねすえ》が当主

浅利氏の居城・独鈷城跡＝大館市比内町

に就いた時期で、家の統制が弱体化していたためか、久義は各地の城を取り返すことに成功したという（『坊沢村長崎氏旧記』）。

しかし、南部氏も天正17（1589）年、「湊合戦」による安東氏の動揺に乗じて行動を起こす。比内には当時、津軽支配を巡って大浦氏との勢力争いに敗れた三戸南部氏庶流の大光寺氏が逃れており、南部氏の侵攻に呼応して大館城を占拠した。比内全域は南部氏の領有となり（『松岡西庵書上』）、浅利氏はまたも比内を失った。

なお、江戸時代に作成された『先方時《せんぽうじ》秋田働乱評《どうらんひょう》』には、「湊合戦」で安東実季に味方した者の一覧に、浅利兵部大輔《ひょうぶのたいふ》、同権十郎の名が見える。浅利の系図では、兵部大輔は該当する者はいないが、権十郎は勝頼の叔父広興《ひろおき》に当たり、久義と共に大浦氏の元に逃れず、安東氏に従属した浅利一族がいた可能性も指摘できるだろう。

天正18（1590）年3月、今度は安東氏が比内攻めに動いた。南部氏領内では九戸政実《まさざね》の不穏な動きに加え、大浦為信が津軽で公然と反旗を翻し始めていた。安東氏はこの機を狙ったのである（『奥南盛風記』『御当家御記録』）。

　南部方は比内の代官北信愛《のぶちか（のぶよし）》の援軍として、櫛引八幡別当普門院家の当主親子を派遣したものの、親子そろって戦死した（『普門院系図』）。比内は再び安東氏の影響下に入るが、この際、安東氏に協力した大浦為信の提言により、津軽に身を寄せていた浅利氏嫡流《ちゃくりゅう》を比内へ復帰させる話がまとまったという。

　後に豊臣政権の奥羽仕置《しおき》で各地の領主が定まる中、浅利氏が比内の独立した大名と認められたのか、安東家臣となったのかは明確ではない。だが、比内にある太閤《たいこう》蔵入地（豊臣秀吉の直轄地）からの物成（年貢）は、浅利氏から安東氏を通じて政権に納められており（塩谷順耳「秋田実季領の再検討」）、浅利頼平はこれに反発、前田利家らを通して死ぬまで政権に独立を訴え続けていく。

浅利騒動

　文禄４（1595）年、浅利頼平は安東氏を攻撃した。頼平に豊臣蔵入地の物成未納があり、怒った安東氏が比内で撫《な》で切り（皆殺し）を行ったためとされる。浅利氏は津軽氏の後援を受けて抵抗。豊臣政権を巻き込んだ訴訟に発展したが、頼平は慶長３（1598）年に急死。安東氏による毒殺のうわさもあった。浅利氏はその後、秋田に入った佐竹氏に仕えた。

出自確定難しい弘前藩祖

津軽為信と久慈氏

熊谷隆次

豊臣政権の中枢にいた前田利家から、「表裏仁《ひょうりのじん》」（裏表のある人）と厳しい評価を受けた人物がいた（南部信直書状写『宝翰類聚《ほうかんるいじゅう》』）。南部信直から津軽の地を奪い取って独立大名となり、弘前藩の礎を築いた大浦為信、後の津軽為信である。

藩祖でありながら、その出自を確定するのは難しい。「津軽御先祖之次第」（「津軽家文書」）によれば、為信は津軽を地盤とする大浦氏の5代当主為則《ためのり》の弟守信《もりのぶ》の子で、為則の娘を娶《めと》って大浦氏を継いだとされる。一方、近世南部家の公式系譜『系胤譜考《けいいんふこう》』は、為信を久慈（岩手県久慈市）を所領とする久慈信義の弟「平蔵」とし、出奔した後、大浦氏の婿養子になったと記す。津軽、南部双方の系譜の内容は、全く一致しない。

津軽側の系譜は、為信の仮名《けみょう》（通称）をあえて記していない。しかし、為信の嫡子《ちゃくし》信枚《のぶひら》以降の津軽家当主の仮名は「平蔵」で、為信の仮名を「平蔵」と明記する南部側の系譜と一致する。これを根拠に現在、為信を久慈信義の弟とする説がほぼ定説化している。

久慈信義の祖先に信実（官途名「備前守《びぜんのかみ》」「摂津守」）がいる。近年、戦国初期の三戸南部氏当主として存在が実証された南部信時の弟で、久慈氏の家督を継いだことが確認された。信実は、久慈大川目村の「久慈館」（現久慈城跡）を居館にしたという（『系胤譜考』）。

なお、久慈氏嫡流《ちゃくりゅう》の当主は信実以降、代々「備前守」「摂津守」を官途名とした（『系胤譜考』）。ところが、文明15（1483）年の久慈長内金峯山社の棟札には大檀那《だいだんな》として「南部信濃守嫡々右京亮《うきょうのすけ》久信」、元亀2（1571）年の久慈長内薬師堂の棟札には大檀那として「南部之内信濃守信長」の名が記されている。

久慈は中世、「久慈郡」と称された。棟札からは、長内村を含む広大な久慈郡を治める領主（大檀那）が「南部」姓で、代々「信濃守」を官途名としていたことが判明する。しかし、これでは『系胤譜考』が記す久慈城主の官途名「備前守」「摂津守」と一致しない。

久慈氏について以下、仮説を提示したい。「備前守」「摂津守」を官途名とし、大川目村を中心に久慈川沿岸部（久慈西部）を支配する久慈氏（仮称「備前守系」）と、「信濃守」を官途名とし、長内村を中心に長内

上空から見た久慈城跡。中央の林に主郭があった
＝久慈市大川目町（本社小型無人機で撮影）

川沿岸部（久慈東部）を支配する久慈氏（仮称「信濃守系」）、この二つの久慈氏が中世以来、久慈郡を分割支配していたのではないか。

　これを裏付ける史料が「津軽屋形様御先祖ヨリ之覚」（「津軽家文書」）である。同文書は、室町時代、三戸氏（当主名不詳）の次男彦五郎（左京亮）が「上《かみ》ノ久慈」を、三男彦六郎（右京亮、信濃守）が「下《しも》ノ久慈」を所領にしたと記す。南部方言では、西を「上」、東を「下」と言う。備前守系久慈氏が西部（上）を、信濃守系久慈氏が東部（下）を、つまり二つの久慈氏が、久慈郡を東西に分けて支配していたとする仮説に符合する。

　なお、同文書は、彦六郎の系統が後に津軽に移って大浦氏となり、代々「右京亮」「信濃守」を称したと記す。大浦氏は、津軽に移った後も久慈郡を所領にしたとされる（「津軽御先祖之事」）。津軽側の近世系譜には記されていない当主だが、棟札の南部右京亮久信、南部信濃守信長は、津軽大浦氏（信濃守系久慈氏）であった可能性がある。

南部右京亮

　江戸時代、津軽氏の祖先を奥州藤原氏や公家の近衛氏に結び付ける系図が生まれる。しかし、豊臣秀吉が津軽為信に与えた朱印状の宛名が「南部右京亮」であるように、源姓南部氏の庶流であることは明らかである。「南部右京亮」の名乗りや、為信の「信」の字は信濃守系久慈氏に通じる。本稿の推定が正しければ、備前守系久慈氏の出自の為信は、兄信義の所領久慈を出奔後、信濃守系（大浦氏）の家督を継承したことになる。

湊合戦に乗じ大鰐城襲撃

津軽の危機

熊谷隆次

戦国末期、鼻和郡大浦城（青森県弘前市）の大浦（津軽）為信が主家の三戸南部氏に対して兵を挙げ、津軽を略取した。後世、南部氏の歴史に長く刻まれることになる重大な出来事であった。

津軽側の近世編さん物（『永禄日記』『東日流記《つがるき》』など）は、為信は、元亀２（１５７１）年から天正18（１５９０）年まで20年かけて、津軽で勢力を拡大したとする。一方、南部側（『源氏南部八戸家系』など）は、天正17（１５８９）年からの約１年間のことと記す。違いはあまりにも大きく、編さん物に依存する研究手法には限界がある。

五戸浅水城（青森県五戸町）城主の南慶儀《のりよし》（盛義）が根城（同八戸市）の八戸政栄《まさよし》に発した、３月24日付書状（「南部光徹《こうてつ》氏所蔵文書」）がある。従来、元亀３（１５７２）年のものとされてきたが、筆者はこれを否定し、天正17年に比定した。この１通の書状が、為信挙兵の実態解明を可能にした。

慶儀は南部信直の叔父で、権力の中枢にいた。その慶儀の元に、津軽の争乱（「津軽郡相破候《あいやぶれそうろう》」）を告げる書状がもたらされた。伝えたのは、平賀郡（弘前市南部、平川市、大鰐町）の支配を担う大光寺城（平川市）の城主大光寺光愛《みつちか》であった。

「大浦」（大浦為信）が平賀郡大鰐城（大鰐町）を襲撃し、城内の「下館」は陥落したが、「内城《ないじょう》」（本丸）は持ちこたえているという。慶儀は、今後、大浦氏と大光寺氏との間で戦闘が始まると予測する一方、外浜《そとのはま》の拠点・横内城（青森県青森市）は維持されていると書状に記した。

以上のことから、津軽の争乱発生時、為信の支配地域には平賀郡と外浜は含まれず、大浦城の所在地である鼻和郡（弘前市西部・北部、鰺ケ沢町、深浦町、西目屋村）に限定されていたことが分かる。

為信が主家の三戸氏に対して公然と反旗を翻したのは天正17年3月で、緒戦は大鰐城であったと考えられる。これを裏付ける史料が、同年8月20日、豊臣政権内の有力大名前田利家が南部信直に発した書状（もりおか歴史文化館所蔵）である。

津軽為信木像（長勝寺所蔵、弘前市教育委員会提供）

書状には、同年2月に出羽国（秋田県、山形県）の安東実季《さねすえ》領で起こった「湊合戦」に乗じて、「津軽」（為信）が戦闘に及んだと記されている。大鰐城襲撃と時期的に一致する。

当時、八戸氏当主は政栄の嫡子《ちゃくし》直栄《なおよし》であった。その文筆の師である不染斎俊恕《ふぜんさいしゅんじょ》は天正17年、直栄とその側近に対して多数の書状（「南部光徹氏所蔵文書」）を発しており、3

月17日付書状では「若者」どもが「陣立《じんだて》」（出陣）したと記している。また、3カ月後の6月17日付書状では、「陣立」する直栄に随従して「若者」らが出陣したと記している。

天正17年、為信が田舎郡浪岡城（青森市）を襲撃し、津軽城代《じょうだい》楢山義実《よしざね》（信直の側近）、南長義を敗走させた。このため、八戸政栄は津軽に出陣したが苦戦を強いられ、田中左馬《さま》、馬場大炊《おおい》、松田雅楽《うた》、高坂雅楽ら多数の家臣が討ち死にした。『源氏南部八戸家系』が記すストーリーである。

同年3月時点で、八戸政栄の元にも「津軽郡相破候」という情報が届いており、俊恕書状が記す「陣立」とは、この浪岡城への出陣の可能性がある。

なお、南慶儀書状によると、天正17年3月に、八戸政栄は備前守《びぜんのかみ》系久慈氏（当主直治）の元を訪問した。為信は同氏出身（直治の叔父）で、信濃守系久慈氏（後の大浦氏）を継いだと推定される。久慈訪問は、為信挙兵に関わるものであったのではなかろうか。

石川高信の死

津軽側の歴史書『東日流記』は、元亀2（1571）年、大浦為信が石川大仏ケ鼻城（青森県弘前市）を襲撃して石川高信（南部信直の実父）を自害させたとする。一方、南部側の編さん物『聞老《もんろう》遺事《いじ》』は、高信が天正9（1581）年に死去したため、信直は弟石川政信を後任の津軽郡代に据えて為信らに補佐させたとする。『東日流記』の高信自害の記述は、為信の長い独立戦争の幕開けを創出・演出するため、意図的に創作された可能性がある。

「一家」の意思統一できず

信直と為信挙兵

熊谷隆次

天正17（1589）年3月ごろ、大浦（津軽）為信が、主家の南部信直に背き挙兵した。信直ら三戸南部方はこれを「津軽郡相破候《あいやぶれそうろう》」という強烈な印象で受け止めた。

しかし、3カ月後の6月上旬でもなお、為信鎮圧軍は派遣されなかった。信直自身は、津軽の危機的事態の解決を最優先案件と考えていた。一族の南慶儀《のりよし》もこの危機感を共有し、対応が遅れれば、津軽は「末代」に至るまで喪失することになるとみていた（「南部光徹《こうてつ》氏所蔵文書」）。なぜ、このような事態に陥っていたのであろうか。

為信挙兵より3カ月前の天正16（1588）年12月、信直は八戸氏の若年当主彦次郎に、実名《じつみょう》の1字「直」を与えて「直栄《なおよし》」と名乗らせるとともに（「南部光徹氏所蔵文書」）、この前後、長女千代子を嫁がせていた。1字の授与は、主従関係を結ぶ際の一般的慣行である。両者の関係は、同盟から主従的関係へと転換しつつあり、これが信直権力を強固なものにするはずであった。

信直は、為信挙兵当初から、八戸氏を通じて七戸城（青森県七戸町）城主七戸家国を自己の陣営に引き入れようとしていた。しかし、天正17年6月に至ってもなお、これを実現できないでいた。七戸は、糠部《ぬかのぶ》郡（青森県東部、岩手県北）から津軽へ軍を進める際の前線であり、七戸氏が信直陣営への参入を拒否し続けたことにより派兵は遅延した。これが為信の津軽統一を許した直接的主因である。

信直は津軽外浜《そとのはま》横内城（青森県青森市）の状況に過敏になっていた。横内城は外浜の東端を押さえる拠点で、ここが落ちれば糠部郡内へ津軽の軍勢が侵攻する危険性があった。信直はまた、鹿角郡（秋田県鹿角市、小坂町）の状況にも注意を払っていた。平賀郡（青森県弘前市南部、平川市、大鰐町）から南下して碇ケ関（平川市）を越えると鹿角郡、その隣郡が糠部郡である。横内城と鹿角郡は、南部氏の死命を制する地であった。

「南部氏歴代当主画像」のうち、南部信直
（もりおか歴史文化館所蔵）

　信直は津軽問題について、自分と八戸氏の2者だけでは解決できない状態に至ったことを自覚していた。このため、九戸、八戸、七戸ら諸氏で構成される一族、史料上では「一家《いっか》」と記された族的団体での合議を企図するようになっていた。この信直の意思を受けた南慶儀は、天正17年6月1日付の書状で八戸氏に対し、「郡中」の意思統一のため、七戸氏、九戸氏と協議を図るよう要請した。

　こうした信直および南氏の画策が奏功した形跡はない。三戸南部氏の軍勢は七戸北端の野辺地（青森県野辺地町）まで兵を進めた。

しかし、九戸政実《まさざね》、櫛引氏は出陣せず、久慈氏（備前守《びぜんのかみ》系）は数度の催促の結果、ようやく五戸白山林（同五戸町）まで出馬するにとどまったという（『南部旧正録』）。

こうした中、天正17年夏、豊臣秀吉の重臣であった加賀国（石川県）の前田利家の元に、信直が派遣した使者木村秀勝が到着した。目的は、上洛《じょうらく》の許可を得るためと、津軽の争乱や南部「家中《かちゅう》」内の「叛逆之族《はんぎゃくのやから》」を豊臣政権の力で抑圧することにあった。

秀吉は、同年8月2日付の朱印状で信直の上洛を許可し、利家はこの朱印状に副《そ》えた書状（もりおか歴史文化館所蔵）で、自ら先手として奥羽の地に出馬すると伝えていた。

信直は、上洛こそ果たせなかったが、津軽と「家中」内の問題解決のため、中世以来の権力（当事者が実力で問題を解決する「自力救済」権）の制限・否定と引き替えに、統一権力の下で領域権力として生き延びる道を選択した。

■ 木村秀勝

前田利家に謁見《えっけん》した木村秀勝は南部信直の側近で、財政、外交に秀でた家臣であった。その才を買われて、金田一城（岩手県二戸市）の代官や京都勤務に当たり、文禄4（1595）年には、直轄領であった五戸新田《にいだ》村（青森県五戸町）の代官に就任した。以後、元禄10（1697）年までの約100年間、木村氏は4代にわたり世襲で代官職を務め、現在の五戸町の基礎を築いた。

わずか1年で成し遂げる

為信の津軽統一

熊谷隆次

天正17（1589）年3月ごろ、大浦（津軽）為信は主家の南部信直に背いて挙兵し、「津軽統一」を進めていった。

これより約60年前の天文2（1533）年ごろ、津軽全域の支配強化のため、石川高信（信直の実父）が平賀郡石川城（青森県弘前市）に配置された。

津軽には、郷村名を名字の地とする小規模な領主が多数いた。平賀郡の中村、長嶺、乳井《にゅうい》、川井、鼻和郡の高杉、蒔苗《まかなえ》、外浜《そとのはま》の今淵、土岐《とき》などが確認され、石川高信の他、鼻和郡大浦城主大浦氏や平賀郡大光寺城主大光寺氏、田舎郡「浪岡御所」（浪岡城主北畠氏）らに属していた（『参考諸家系図』）。

天正6（1578）年に浪岡御所が滅亡し、3年後の同9（1581）年に石川高信が没したとされる（「陸奥盛岡南部家譜」、『参考諸家系図』）。南部側の史料は、前者を逆臣による殺害、後者については何も記さない。津軽側では、共に為信の襲撃による自害と鮮烈に記すが、為信の挙兵は天正17年であるため、疑問がある。

浪岡御所と石川高信の死は、津軽支配に深刻な動揺をもたらした。このため信直は、天正9年に弟浪岡政信を浪岡城に据えて津軽支配の拠点とし、大光寺光愛《みつちか》と大浦為信をその補佐に当たらせ、支配の再編を図った。

しかし、天正16（1588）年ごろ、為信は光愛を謀略によって権力中枢から排除し、

津軽を平定した大浦為信の居城・大浦城跡。現在の弘前市立津軽中学校周辺に当たる

出羽国安東実季《さねすえ》領の比内郡（秋田県大館市）へ敗走させた（『信直記』）。同年3月には、浪岡城主浪岡政信が没した。為信による暗殺とされている。信直は浪岡城を城代《じょうだい》制に切り替え、側近楢山義実《よしざね》、南長義を派遣したが、翌17年3月ごろ、為信が挙兵した。

為信の挙兵後、中村治政《はるまさ》をはじめ八戸玄蕃《げんば》、岩館右京、浪岡伊勢、今淵将監《しょうげん》、川崎善右衛門、長嶺七右衛門、台坂勘兵衛ら津軽在地の家臣は防戦に努めたが、援軍が来なかったため力尽き、三戸（青森県三戸町および周辺）へ退去したとされる（『参考諸家系図』）。彼らの他に、乳井、久慈、高杉、蒔苗、川井、土岐の諸氏らも、三戸に退去したとされる。天正17年3月から6月までの間、信直が九戸氏、七戸氏らの協力を得られず、津軽に援軍を派遣できなかったことが判明しているため、事実であろう（南慶儀《のりよし》書状「南部光徹《こうてつ》氏所蔵文書」）。

天正18（1590）年3月ごろ、浪岡城は、安東実季の援軍250人を得た為信の軍勢700~800人の襲撃を受けて落城、城代楢山、南両氏は三戸へ退去した。

外浜西南部（「弘前大境目」）の防衛を管掌していた高田城（青森県青森市）城主土岐氏は、大浦勢との戦闘で当主則基《のりもと》が高田城で討ち死にし、嫡男《ちゃくなん》則重も浪岡城で討ち死にした。次男則忠は、浪岡政信の娘（光伝院《こうでんいん》）を警護して三戸に退去したとされる（『参考諸家系図』）。

このため、根城八戸氏の軍勢が浪岡城へ出陣した。しかし、家臣田中左馬《さま》、馬場大炊《おおい》、松田雅楽《うた》、高坂雅楽らの討ち死にを出して敗れ、撤退した。田舎郡黒石郷（青森県黒石市）などに所在した八戸氏の所領は津軽方に奪われ、「津軽城代」工藤村吉《むらよし》は退去したという（『八戸家伝記』）。

為信の津軽統一は、浪岡城での激戦とその落城、外浜の攻略により、天正18年3月ごろに成し遂げられたと推定される。津軽側の史料が記すような元亀2（1571）年の挙兵から20年間の長きにわたる統一戦ではなく、ごく短い年月で為信は津軽を手中に収めたのである。

領主間対立生かす

天正17（1589）年の「湊合戦」を好機とみて、南部信直は安東実季から比内郡を奪取した。しかし、翌18（1590）年3月、比内郡は大浦為信の援軍を得た安東氏により奪還されてしまった。また同月、浪岡城は、安東氏の援軍を得た為信の軍勢により落城した。為信は、南部、安東、浅利、これに糠部《ぬかのぶ》郡内（青森県東部、岩手県北）の九戸、七戸ら、北奥羽の領主間の対立と同盟（外交）を巧みに生かすことで津軽統一を成し遂げていった。

豊臣政権が認めた領地支配

奥羽仕置―南部内七郡

熊谷隆次

大浦（津軽）為信が浪岡城（青森県青森市）を襲撃していた天正18（1590）年3月ごろ、南部信直の元に豊臣政権の有力大名前田利家の使者が到着した。使者は内堀頼式（後に信直に仕える）とされ、北条攻めのため小田原（神奈川県小田原市）に下向する豊臣秀吉の元に参陣し臣従せよ、と伝えたとされる（『東奥旧史集』）。

これを受けて信直は、先に使者を前田利家の元へ派遣し、「出仕」（臣従）する旨を伝達、自身は4月ごろに三戸城（青森県三戸町）を出立し、7月6日、初めて秀吉に「御礼」（謁見《えっけん》）を果たした（「浅野家文書」）。「御礼」とは臣従の儀礼のことで、これにより秀吉との主従関係が確定した。

信直が随行させた嫡子《ちゃくし》は小田原参陣中、前田利家を烏帽子《えぼし》親として元服し、1字「利」を与えられて実名《じつみょう》を「利正」と名乗った。後の利直である。奥羽の領主の行く末が不透明な中、利家の下に属し、政権内で保身を図ろうとしていた。

秀吉は北条氏を降伏させた後、会津（福島県会津若松市）で奥羽の支配政策・方針を定める「奥羽仕置《しおき》」のため、天正18年7月17日に小田原を出立した。途中、同26日から8月4日まで宇都宮（栃木県宇都宮市）に滞在して「関東仕置」を施行、同6日に白河（福島県白河市）に寄り、同9日、会津に到着した。

秀吉は会津への下向途中、著名な天正18年7月27日付の朱印状を信直に発した。従来この朱印状は、その日付から、信直が宇都宮で秀吉から拝領したものとされてきた。しかし、信直は宇都宮に滞在した形跡はなく、奥羽の「鹿目《かなめ》」（要）とされた白河で秀吉を出迎えたことが確実である（『北松斎手扣《きたしょうさいてびかえ》』『信直記』）。

朱印状は、表題の「覚《おぼえ》」、簡略な箇条書き形式、「事」での書き止めという様式から、使者や「取次」を通じて信直に手渡され、詳細は口頭で伝達されたと推定される。信直は白河で、宇都宮から下向してきた豊臣政権の奉行浅野長吉《ながよし》（後の長政）と合流した。長吉は、南部領を含む北奥地域の仕置奉行である。朱印状を信直に手渡したのは、長吉の可能性が高い。

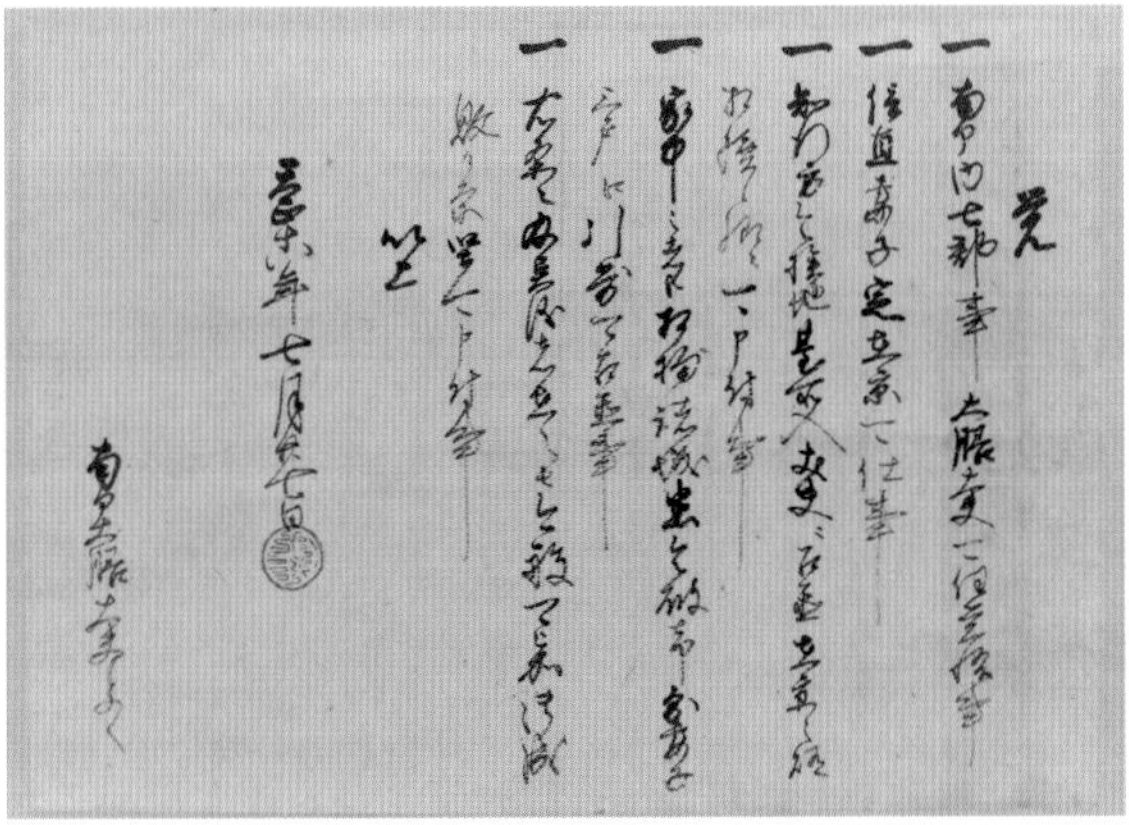
天正18年7月27日付の豊臣秀吉朱印状
（南部信直宛て、もりおか歴史文化館所蔵）

　朱印状は5カ条によって構成される。ここでは、第1条に限定して述べたい。条文は、「南部内《なんぶのうち》七郡事、大膳大夫《だいぜんのだいぶ》（信直）可任覚悟事《かくごにまかせるべきこと》」という所領の支配を認める簡潔な文言であるが、この「南部内七郡」の比定地を巡り、長い間、論争が続いてきた。①北、三戸、九戸、鹿角、閉伊、岩手、斯波《しわ》（志和）②糠部《ぬかのぶ》、鹿角、岩手、斯波、閉伊、和賀、稗貫《ひえぬき》③糠部、鹿角、岩手、斯波、閉伊、遠野、久慈――以上の3説がある。

①説については、北、三戸、九戸の3郡が、寛永11（1634）年に糠部郡（青森県東部、岩手県北）を3分割して成立したことが判明しているため、現在は完全に否定されている。②説は、和賀、稗貫両郡（岩手県北上市～花巻市および周辺）が、天正18年7月時点で豊臣政権の直轄領であったことが近年明らかとなり、これも否定される。③説（遠藤巖《いわお》氏提唱）が妥当であり、ほぼ定説化している。ただし、久慈郡（同久慈市）は、室町期に糠部郡に編入されたとする説があり、今後も検証が必要である。

なお、「南部内七郡」の表記から、「七郡」以外の郡も「南部」であったことを見逃してはならない。天正17（1589）年とされる12月24日付の豊臣秀吉朱印状（「津軽家文書」）の宛所は「南部右京亮《うきょうのすけ》」（大浦為信）である。為信は、信直の領国を略取した私的権力から、もう一人の「南部」氏、公的な領主権力として豊臣政権から認められることに成功した。

随行した八戸直栄

小田原参陣の際、信直に根城城主八戸直栄《なおよし》も随行していた。天正18（1590）年7月11日、高野山（和歌山県高野町）の宿坊である遍照光院良尊《へんしょうこういんりょうそん》が直栄に発した書状には、「関白様」（豊臣秀吉）の命で、直栄が「屋形様」（南部信直）に同道して小田原に参陣し、「出仕」する旨が記されている。この時点で八戸氏は、独立した領主として秀吉に認められ「出仕」できる地位、つまり秀吉の直参になる可能性があった。

南部領、豊臣体制下へ

奥羽仕置―妻子在京・検地・諸城破却

熊谷隆次

豊臣秀吉は天正18（1590）年8月、会津（福島県会津若松市）に滞在して奥羽の支配政策を示した。現地での施行は、秀吉のおい豊臣秀次の他、浅野長吉《ながよし》、石田三成、大谷吉継《よしつぐ》ら奉行が当たった。この豊臣政権の政策とその施行過程を、学術用語で「奥羽仕置《しおき》」という。

同年7月27日、秀吉は南部信直に対し、5カ条で構成される朱印状を発した。ここでは、奥羽仕置の方針が明確に示されている第2～4条の3カ条を取り上げ、これに信直がどのように対応していったのかを明らかにしたい。

第2条は、「妻子」を常時「在京」させるよう命じている。信直の正妻は、南部晴政の長女（名前未詳）だが、早世したとされる。側室は、譜代家臣の泉山古康の娘（後の慈照院）で、嫡男《ちゃくなん》利直の実母である。在京の始期は未詳だが、「シハ〳〵《しばしば》京・伏見へ登ル」（『参考諸家系図』）と記されている。

第3条は、「検地」により所領からの収入を把握して「台所入」（直轄領）を安定化させ、これにより「在京」費用を維持せよと命じている。第2条と密接に関連した条項で、「検地」は、「在京」維持、秀吉への臣従を最優先の目的として施行するものとされていた。

ただし、豊臣政権期を通じ信直は、伊達政宗、最上義光《よしあき》と共に、政権の派遣した奉行

（左から）南部信直・慈照院（泉山氏）夫妻の墓
＝南部町小向（南部町教育委員会提供）

による検地を受けなかった。3氏は奥羽の有力大名として評価されていたが故に、政権が主導する検地を受けなかったとされている。南部領での豊臣期検地は、文禄3（1594）年以降、信直の奉行によって施行されたことが、近年判明した。

　第4条は、「家中之者《かちゅう》」（家臣）の城を全て「破却」し、その「妻子」を三戸（青森県三戸町および周辺）へ詰めさせよ、と命じている。「破却」とは従来、城郭の破壊・廃棄とみなされていた。しかし、考古学的分析により現在は、門、柵、塀などの一部撤去、堀の一部埋め立てであったことが定説化している。この学術上の成果に大きく貢献したのが、栗村知弘氏、藤田俊雄氏、佐々木浩一氏らによる根城跡（同八戸市）の発掘と分析である。

　なお、第4条は従来、近世の大名家で一般的に採用されていた家臣の城下集住政策と同一視され、奥羽仕置の画期性が強調されてきたが、厳密に読解すれば、集住の対象はあくまで家臣の妻子だけである。当主の在地居住は認められていた。根城城主八戸直栄《なおよし》が奥羽仕置以後も根城を居所としていたことは、発掘（考古学）だけでなく、近年の同時代史料（「南部光徹《こうてつ》氏所蔵文書」）の分析（歴史学）からも解明されている。

城の破却は、領内が不穏だということで天正18年は猶予され、九戸一揆（九戸政実《まさざね》の挙兵）が鎮圧された同19（1591）年9月以後、浅野長吉、蒲生氏郷《がもううじさと》の家臣の補佐を得て破却に着手したとされ（『三翁昔語《さんおうせきご》』）、翌20（1592）年6月、南部側から豊臣政権にその施行状況が報告された。根城は破却されたが、津軽領、安東領、伊達領との境目の城は破却を免れ、三戸周辺の城は信直の判断に任されたという。

以上、豊臣秀吉朱印状5カ条のうち、第2条（妻子在京）、第3条（検地）、第4条（家臣の城破却、妻子の城下集住）について述べてきた。奥羽仕置は、在地の実情や大名の実力、九戸一揆に対応して修正されながら、確実に南部領を豊臣体制に組み込んでいった。

利家、慶次の津軽下向

豊臣政権の有力大名前田利家の家臣河嶋重続は天正18（1590）年12月29日付の書状で、利家は「津軽」の仕置を命じた後、「南部右京亮《うきょうのすけ》」（大浦為信）とその妻子を伴い上洛《じょうらく》した、と記している（「伊達家文書」）。利家は、かぶき者として有名なおい前田慶次を連れて津軽の検地を行ったとされ、「南部右京亮」による「南部内《なんぶのうち》」津軽の領有が確定した。翌19（1591）年6月、為信は豊臣秀吉から「津軽右京亮」と呼ばれるようになる。

九戸氏ら厳しい監視下に

奥羽仕置─「異儀」に及ぶ者の「成敗」

熊谷隆次

天正18（1590）年7月27日、豊臣秀吉は南部信直に対し、「奥羽仕置《しおき》」の一環として朱印状（「覚《おぼえ》」）5カ条を発した。ここでは最後の第5条について述べる。

条文の内容は、第1～4条の条項に対して「異儀」を唱える家臣（「家中之者《かちゅう》」）がいれば秀吉が「成敗」するため、信直はこれを断固として実行せよ、というものであった。

4カ条の内容とは、信直による「南部内七郡《なんぶのうち》」支配（第1条）、信直の妻子の在京（第2条）、検地（第3条）、「家中之者」の城の「破却」とその妻子の三戸城下集住（第4条）である。「家中」内の敵対勢力を「成敗」せよ、という厳しい文言のある朱印状を受領したのは、奥羽の領主の中で、信直が唯一である。

天正18年8月6日、信直は、奥羽仕置のため会津（福島県会津若松市）に下向する豊臣秀吉を白河（同白河市）で出迎えた。白河からは、仕置奉行の浅野長吉《ながよし》に従って北奥へ進み、豊臣政権の奉行木村吉清・清久父子の領地となった旧大崎、葛西領を経て、9月中旬ごろ、稗貫《ひえぬき》郡鳥谷崎《とやがさき》城（後の花巻城、岩手県花巻市）に着陣した。長吉の目的は、南部領との境界である和賀郡（同北上市および周辺）、稗貫郡（花巻市および周辺）の仕置であった。

南部領の仕置について、近世の編さん物は次のように記す。長吉は、鳥谷崎城から南部領に使者を派遣し、信直に服従しない家臣に対して「異心」を持たぬよう厳命した（『信直記』)。あるいは、長吉は、鳥谷崎城に八戸政栄《まさよし》や九戸政実《まささね》らを召喚し、信直に対する「悪心」を停止せよと命じた(『三翁昔語《さんおうせきご》』)。

長吉は鳥谷崎城在陣中の9月20日、「八戸殿」(根城城主)に対し、同氏の所領田名部(青森県下北半島)に住む家臣「やすミ(八角)」氏が所持する栗毛の良馬を所望した(「南部光徹《こうてつ》氏所蔵文書」)。このとき、長吉は、その馬を八戸氏の元に引き寄せるよう要望している。『三翁昔語』の通り八戸氏は、鳥谷崎城の長吉の元へ参上していた可能性が高い。

約1カ月前の8月12日、会津滞在中の秀吉は長吉に対して朱印状を発し、命令に従わない「城主」は城へ追い込み、一人も残さず「なできり(撫で切り)」にせよ、と厳命した(「浅野家文書」)。「撫で切り令」として著名であるが、従来看過されてきたことがある。

撫で切りは、あくまでも謀反を起こした場合であり、「国人《こくじん》」らが合点いくよう事前に申し聞かせて蜂起を抑圧し、豊臣の秩序を構築する、これが仕置の目的であった。

浅野長吉像(東京大学史料編纂所所蔵模写)。後に長政と改称。豊臣秀吉の正室ねね(北政所)の義理の弟。五奉行の一人

九戸氏らが鳥谷崎城の長吉の元に参上し、信直への謀反禁止を厳命されたという記録と符合する。

仕置を終えて奥羽を去り、有馬温泉（兵庫県神戸市）滞在中の秀吉は10月7日、長吉に対し書状（大阪城天守閣所蔵）を発した。内容は、信直へ朱印状を発したが、もし南部「家中」で愚かな考え（「愚意」）を持つ者がいたら厳しく処断せよ、である。

前年の天正17（1589）年8月20日付の書状（もりおか歴史文化館所蔵）で前田利家は、信直の「家中」に「叛逆之族《はんぎゃくのやから》」がいると明記していた。九戸政実、七戸家国ら反信直勢力を指す。戦国期、南部氏一族（「一家《いっか》」）として、三戸氏を中心に連合していた九戸氏、七戸氏らは、豊臣政権下では、信直の「家中」（家臣団）に位置付けられた。

信直への反抗姿勢は「叛逆」と見なされ、秀吉、利家、長吉ら政権中枢部の厳しい監視下に直接置かれることになった。奥羽仕置とは、北奥の戦国を強制的に終焉《しゅうえん》させる意義を持ったのである。

取次

天正 17（1589）年8月、前田利家は南部信直に対し、信直の意向を秀吉に披露する際、奔走したのは浅野長吉であるため、今後懇意にするよう指示した。小田原（神奈川県小田原市）の北条氏、南奥の伊達政宗が豊臣秀吉へ服属する意向を示したことで、「奥羽仕置」が日程に上った。奥州の仕置奉行として長吉が任命され、以後、秀吉と信直の間を仲介する「取次」として、利家と共に長く信直を後援することになる。

各地で相次ぐ一揆蜂起

奥羽仕置の波紋

滝尻侑貴

天正18（1590）年の8月から行われた「奥羽仕置《しおき》」により、奥羽両国は豊臣政権下に置かれ、奥羽の諸士は従来とは異なる体制下で生きていくことになった。その中には、南部信直のように従属し領地を認められた者もいれば、従属せず領地を認められない者もいた。同年9月下旬より、この「認められない者」たちが各地で一揆を起こすことになる。

豊臣秀吉が所領を認めなかった大きな要因は、北条氏を討った小田原征伐への不参陣である。小林清治氏は、奥羽の領主の参陣するか否かの判断を左右した背景として、秀吉が就いた関白職と、征夷大将軍の違いを指摘する。室町時代、奥羽の領主は征夷大将軍に就いた足利氏との間で、緩やかではあるが主従関係を結んでいた。しかし幕府崩壊と織田信長の死後、「天下人」となった秀吉は、征夷大将軍ではなく関白職に就いた。小田原征伐は関白の命で軍勢催促がなされたため領主の中には参陣への強制力を感じない者もいたが、不参陣により領地を認められず、これを理不尽と感じて蜂起につながったというのだ。

不参陣の理由については他に、周辺領主との対立で領地を空けることができなかった、小領主の独立を防ぐため彼らを支配下に置く伊達や南部らが参陣を阻んだという考察などもある。

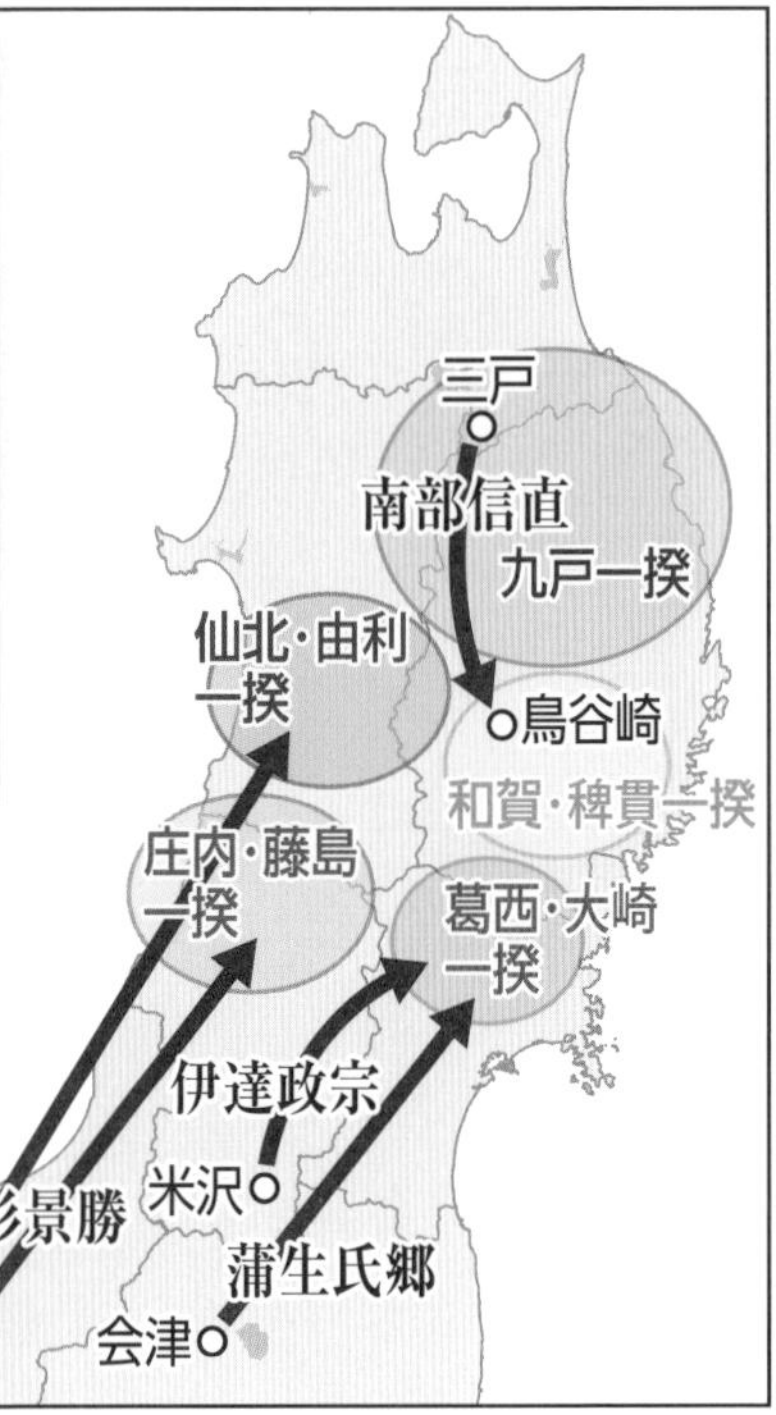

奥羽仕置後に発生した一揆

奥羽で真っ先に火の手が上がったのは出羽（秋田県、山形県）で、9月下旬に起きた仙北・由利一揆である。10月下旬には庄内・藤島一揆も続いた。陸奥でも豊臣秀吉によって派遣された浅野長吉《ながよし》が仕置を終え、この地を離れて間もない10月13日に現在の宮城県から岩手県南部にかけて、改易（所領没収）された葛西、大崎両氏の旧臣が蜂起した。

さらに一揆は北に波及し、同23日には和賀郡（岩手県北上市および周辺）、稗貫郡《ひえぬき》（同花巻市および周辺）でも発生。改易された領主和賀義忠、稗貫広忠は「南部御抱《おかかえ》」（南部信直の支配下、『稗貫家譜』）とされた一方、両郡は豊臣政権の直轄領になっていたとみられる。

長吉は稗貫氏の居城だった鳥谷崎《とやがさき》城（花巻市）に代官として一族の浅野忠政や伴資綱らを残していたが、和賀義忠、稗貫広忠を首謀者とする一揆勢に夜襲を仕掛けられた。忠政らは籠城を選択し、信直に救援を要請。11月7日、信直は八戸直栄《なおよし》らを率いて急行し、一揆勢を退散させた。

その後、忠政らを鳥谷崎城から自領に移動させるが、『信直記』や『奥羽永慶軍記』などは、忠政を九戸城（岩手県二戸市）西側の足沢館《たるさわ》（同市）に入れたことに九戸政実《まさざね》が不満を持ち、九戸一揆につながったと伝える。一方、忠政ら浅野家臣団は翌19（1591）年2月28日の連署状で、信直に伴われて「三戸へ先《ま》ず退き」と記す。いずれにしても忠政らを糠部《ぬかのぶ》郡内（青森県東部、岩手県北）に招き入れ保護したことは確かだが、安心できたわけではなかっただろう。郡内にも不穏な動きがあることは、信直も豊臣方も承知していた。

和賀・稗貫一揆は、天正19年に奥州再仕置軍によって鎮圧され、両郡は南部信直の所領となる。奥州再仕置軍は、東北で起きた諸一揆の鎮圧のため編成された軍であり、その最終目標は、浅野忠政らが連署状で「糠部中錯乱」と評した糠部郡であった。糠部郡では奥羽に広がった一連の一揆蜂起の最後、同年2月に九戸政実が七戸氏、櫛引氏らと一揆を結び、蜂起していた。「九戸一揆」である。

葛西・大崎一揆

葛西、大崎の仕置は総奉行浅野長吉の下、石田三成が担当した。旧領主葛西、大崎氏は改易となり、所領は豊臣秀吉の奉行木村吉清・清久父子に与えられた。一揆が勃発すると、伊達政宗と共に鎮圧に当たった蒲生氏郷《がもううじさと》は「南部に比べてお手柄だ」と政宗の活躍を称えた（「伊達家文書」）が、その後、政宗が一揆を手引きしていたとの疑惑が生じた。一揆は、秀吉に釈明して鎮圧に復帰した政宗らにより天正19（1591）年夏に沈静化する。

「京儀」嫌う南部領の者たち

九戸政実の挙兵

滝尻侑貴

九戸一揆の蜂起は天正19（1591）年2月とされている。同月28日付の書状で南部信直は、出羽国仙北（秋田県東南部）にいた上杉景勝家臣の色部長真《ながざね》に対し、糠部《ぬかのぶ》郡中（青森県東部、岩手県北）も一揆が起き、さらに年が明けて「同名共二・三人逆心」したため、20～30里の間で毎日合戦していると報じた。この「同名共」は、信直と同じく「南部」を名乗っていた九戸政実《まさざね》や四戸（櫛引）氏、七戸氏など「『戸』《へ》の領主」を指す。『八戸家伝記』では、蜂起当時の九戸方の主要人物として四戸櫛引城主櫛引清長、七戸城主七戸家国、一戸城主一戸光方（ただし一戸宗家《そうけ》は既に滅亡）、姉帯城主姉帯兼政とそのおじ兼信・兼興兄弟、鹿角大湯城主大湯昌次などを記す。

『奥南旧指録』は他に、久慈氏や大里氏、円子氏、四戸（金田一）氏などを挙げる。これらは九戸、一戸、四戸、七戸、久慈、鹿角周辺を領地とする者たちであった。

糠部郡内の領主は相互に婚姻関係を結んで関係を深めており、九戸方に付いた久慈氏や四戸氏、七戸氏には九戸氏との血縁関係があった。久慈氏は2代続けて当主の妻が九戸氏の女性で、九戸政実の弟政則は婿養子として同氏に入った。政実の妻は金田一氏であり、逆に政実の叔母が金田一氏に嫁いでいた。また、七戸家国の妻は政実の妹であった。このように血縁関係を結び、かつ地縁的にも近しい一族が九戸方に付いた。

信直方で九戸方と深く結び付いていたのが、八戸氏である。九戸政実の母は八戸氏の出身であった。さらに八戸17代当主勝義の妹は久慈氏に嫁ぎ、18代当主政栄《まさよし》の母は、四戸櫛引氏の出である。そして七戸氏は元々、八戸から分かれた家であった。

　信直は九戸方と血縁関係の深い八戸氏の動向を不安視し、天正19年2月、三戸八幡宮に八戸政栄・直栄《なおよし》父子とその庶流新田《にいだ》政盛を呼んで誓詞を奉納させている（『源氏南部八戸家系』清書本）。ただ、八戸氏は天正9（1581）年の信直家督相続問題でも信直に付き、九戸に近しかった一族の経継（守頓）を殺害している。三戸八幡宮誓詞奉納は、有力な「戸」の領主である八戸氏が信直に忠誠を誓うことを内外に喧伝《けんでん》する演出だった可能性がある。

九戸一揆における糠部郡周辺の主な領主の動向

　三戸、九戸双方に分裂した久慈氏や一戸野田氏、信直方から九戸方に寝返る家臣を出した浄法寺氏など、混迷の糠部郡内では、主従に関係なく、生き残るために自らの進退を判断しなければならない状態だった。

九戸氏をはじめとした一揆勢はなぜ蜂起したのだろうか。前記の信直書状と同日付で、浅野忠政ら浅野長吉《ながよし》家臣団から色部長真に宛てた書状(「浅野忠政等連署書状」)に「當地《とうち》之衆、何も京儀嫌被申」とある。3月17日付で色部に信直と忠政からそれぞれ出された書状でも「郡中悉侍・百性等共、京儀雖嫌申候心底候」「郡中諸侍、其外下々迄、京儀をきらい申内存《ないぞん》」と、糠部郡の者たちが「京儀」を嫌っていることを理由に挙げる。

「京儀」とは豊臣政権（公儀）を指し、具体的には秀吉朱印状（「覚《おぼえ》」）に示された政策を「嫌」ったのだろう。政実らは、南部一族のまとめ役であった三戸氏が完全な上位者となり、南部一族のまとめ役で居城を破却されることや、信直に妻子を人質として出さねばならないことへの不満が募っていたと考えられる。

こうして蜂起した一揆勢は、南部領内の各地で戦いを始めていくのである。

一揆蜂起の抑止力

天正 19(1591) 年3月10日付「浅野忠政等連署書状」では「当郡諸侍中一揆之内存候」と、南部領で誰が蜂起してもおかしくない状況を記している。これを思いとどまらせていたのが「京勢罷下《まかりくだり》候由相聞付」、つまり豊臣政権の討伐軍出陣のうわさである。まだ派兵されていなかったが、南部信直も書状で色部長真に派兵の実否を問い合わせたように、まことしやかに流れたうわさが抑止力となった。

「自力救済」復活の側面も

九戸一揆と櫛引氏

熊谷隆次

九戸一揆（九戸政実《まさざね》の挙兵）は、九戸城（岩手県二戸市）での籠城戦を中心に、南部信直―九戸政実間の対立・戦闘と豊臣秀吉の中央軍による一揆鎮圧、という比較的単純な構図で描かれる場合が多い。

滅亡したため九戸方の領主の家伝文書は皆無だが、九戸城に籠城したどの領主も戦国期、南部領内で広大な領域と多くの家臣・百姓を抱える地域領主であった。なぜ彼らは、この一揆に加担したのだろうか。九戸方に付いた四戸櫛引城（青森県八戸市）城主櫛引氏という地域領主から、九戸一揆を捉え直したい。

九戸一揆蜂起直後の天正19（1591）年2月、櫛引氏は、根城（八戸市）の八戸政栄《まさよし》により八幡村を放火され、櫛引八幡宮近辺の僧房を焼き払われたとされる。

一方、翌3月、櫛引氏は三戸城（青森県三戸町）の東方を警固《けいご》する苫米地城（同南部町）を襲撃したとされる。しかし、信直は、城主苫米地忠純に麦沢、成田、八木橋、中野、志村ら譜代家臣6人を配下として付け、櫛引氏の侵攻を防いだという（『系胤譜考《けいいんふこう》』）。

日付は不明であるが、櫛引氏は信直方の五戸浅水城（青森県五戸町）も攻撃。城主南康義とその子南慶儀《のりよし》・康政は報復として櫛引城攻めに向かったが、四戸法師岡で多勢の櫛引方の追撃を受けて包囲され、慶儀・康政兄弟は討ち死にした。斗賀村（南部町）を知行する南氏家臣佐々木吉清も命を落としたという。四戸とその周辺は、激戦の地とな

三戸南部氏の有力庶流南氏が居城とした浅水城跡＝五戸町浅水

った。

7月、櫛引方の支城の四戸島守城（八戸市）が、八戸政栄の攻撃で落城した。その後、櫛引城も攻められたが、落城しなかった。ただし、間もなくして豊臣政権軍が下向するとの情報に接した櫛引氏は城を捨て、九戸城に籠城したという（『南部家伝旧話集』）。

一揆蜂起直後の天正19年3月、南部信直の元にいた浅野忠政（「奥羽仕置《しおき》」の奉行浅野長吉《ながよし》の一族）らは、「九戸・櫛引」を信直の「家来」と認識し、両氏が主家に「逆心」した、と上杉景勝の重臣色部長真《ながざね》に報じた（「色部文書」）。一揆鎮圧に向かった浅野長吉も、翌4月および7月の書状で、「九戸・櫛引」を一揆の首謀者と記した。九戸落城翌日の9月5日、戦後処理に当たっていた浅野長吉の一族浅野次吉《つぐよし》も書状で、「九戸」や「くし（櫛）引」が降伏したと記す。長吉も同月14日の書状で、「九戸」に続き「櫛引」も降伏したと記した。

一揆蜂起から約半年間、櫛引氏は、八戸、四戸、五戸と広範囲にわたり戦闘を交えていた。浅野長吉が一貫して一揆の首謀者を「九戸・櫛引」と記したのは、こうした櫛引氏の地位と戦闘範囲によるものであろう。「櫛引」は記載順から、頭目の「九戸」に次ぐ地位にあると認識されていた。

戦国期、八戸氏と南氏は同盟を結ぶ一方、隣領の櫛引氏と度々紛争を起こしていた。永禄10（1567）年、櫛引氏は根城を襲撃し、その報復のため八戸政栄は元亀2（1571）年に櫛引城を攻撃した。また、南氏と櫛引氏は天正期に武力衝突を起こしていた。天正末期、八戸氏と南氏は信直権力の支柱となっていた。八戸、南両氏と対立する櫛引氏が、信直と対立する九戸方に付くのは必然的であった。

九戸籠城戦と豊臣政権によるその殲滅《せんめつ》は、九戸一揆の最終局面にすぎない。南部領内の領主のうち、南部氏の当主信直に服属しない者は、反信直勢力（「叛逆之族《はんぎゃくのやから》」）として結集し、奥羽仕置で凍結された戦国末期の地域紛争を再発させた。九戸一揆は、公儀（豊臣政権）による紛争停止の命令を否定し、戦国期の在地秩序（自力解決＝「自力救済」）を復活させようとする、地域領主の反動的側面を持っていた。

櫛引八幡宮別当普門院

戦国末期、櫛引八幡宮（四戸八幡宮）の別当普門院の当主は36代源崇《げんすう》であった。名字は「小笠原」で、一族には櫛引氏、大仏氏の他、六戸の奥瀬氏、五戸の中市氏らがいた。戦国末期の櫛引氏の当主は、清長（将監《しょうげん》）または清政（左馬助《さまのすけ》）とされ、清政は源崇の弟とされる。源崇は別当職だが、堀を巡らした館を構え、武力を備える有力領主で、九戸一揆では九戸方に付いた櫛引、大仏両氏の城を攻撃、落城させたという。

「九戸一和」図る独眼竜

豊臣軍派遣と伊達政宗の調停

滝尻侑貴

天正19（1591）年6月20日、豊臣秀吉より「奥州奥郡為御仕置被遣御人数道行之次第」が発せられた。これは葛西・大崎一揆をはじめとする奥州での一揆鎮圧のため編成された軍勢（再仕置《しおき》軍）の内容を示したものであった。

先鋒《せんぽう》の一番伊達政宗に続き、二番蒲生氏郷《がもううじさと》、三番佐竹義宣・宇都宮国綱、四番上杉景勝、五番徳川家康、そして六番に総大将豊臣秀次といった軍編成と、家康・秀次は二本松（福島県二本松市）、佐竹・宇都宮は相馬（同相馬市）、上杉は最上（山形県最上郡）経由で北上するよう記された。また同日、伊達、津軽（大浦）、安東に個別に指示が出されたが、特に津軽には「南部家中《かちゅう》企逆意族《やから》、可加成敗候旨～」（「豊臣秀吉朱印状」）とあり、九戸一揆（九戸政実《まさざね》の挙兵）が鎮圧の対象に含まれていたことが分かる。

これは、南部氏の「取次」浅野長吉《ながよし》ら秀吉家臣からの報告もさることながら、4月13日に糠部郡《ぬかのぶ》（青森県東部、岩手県北）を出立した南部信直嫡子《ちゃくし》利直が6月9日、秀吉に謁見《えっけん》し、正式に援軍派遣を請うたことも関係していた。

ただし、長吉は仕置軍の到来前に九戸一揆を鎮圧したかったようだ。三戸南部家臣東氏に宛てた書状では、上方から葛西、大崎、和賀、稗貫《ひえぬき》まで大軍が来るので、その前に九戸方を成敗すべきと述べている（7月17日付「浅野長吉書状」）。

豊臣政権が征伐軍を発した一方、調停を行おうとしていたのが南奥羽の大名伊達政宗である。葛西・大崎一揆の鎮圧のめどが付いてすぐ、政宗が発したとみられる覚書が、「伊達家文書」にある（7月20日付「伊達政宗朱印覚書」）。

宛所が記されていないが、九戸に宛てたものと思われる。そこでは「身命進退之儀、南部殿へ申調」と、南部との調停を取り持つことを伝え、使者として2人を派遣すると記している。この使者が白石七郎と支倉《はせくら》常長であり、7月23日には稗貫重綱（広忠）宛てに南部までの使者が通ることを伝えた。

豊臣政権再仕置軍の推定侵攻ルート

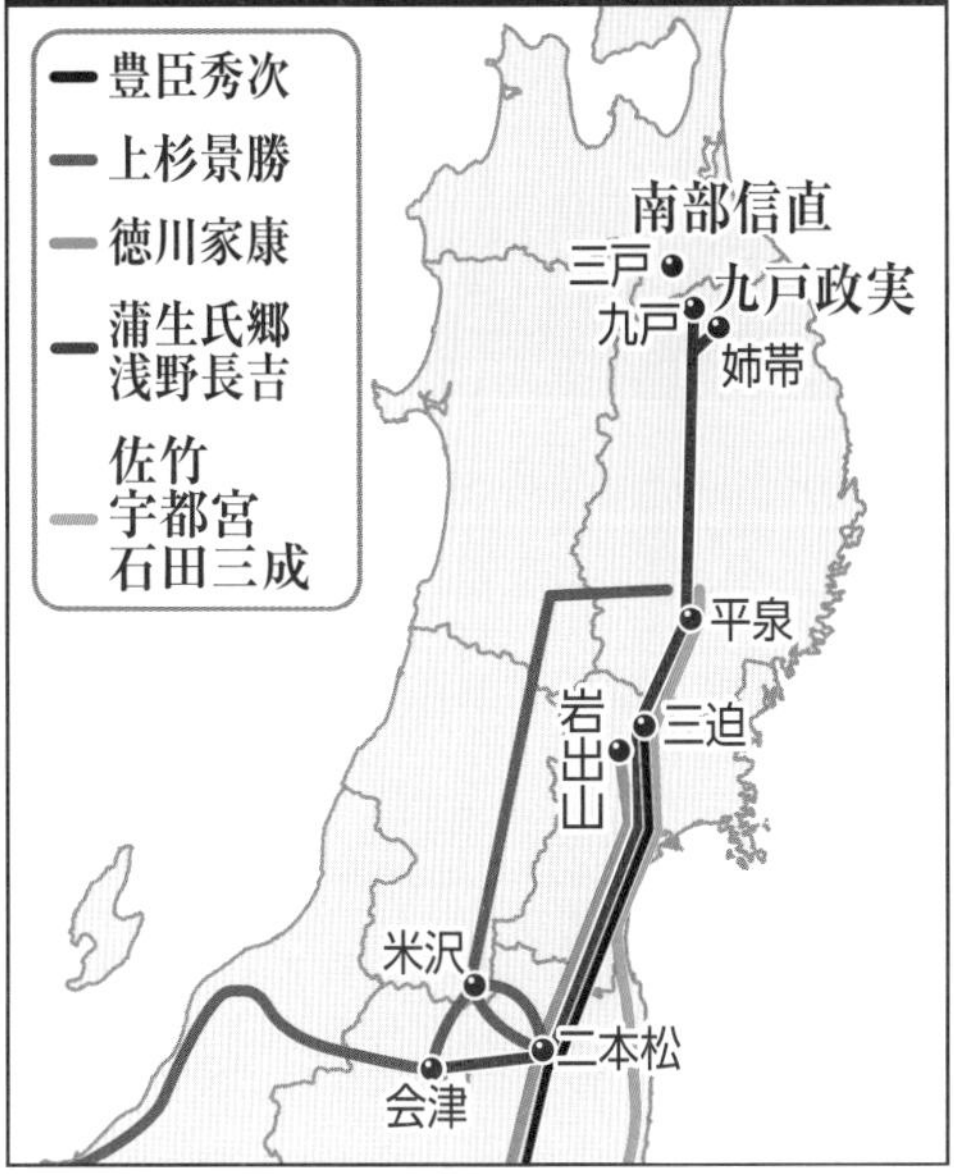

＊藤井讓治編『織豊期主要人物居所集成』などを基に作成

これに対し、8月16日、稗貫輝家と和賀信親が、使者が南部まで無事に往復したことを伝えている。前年に一揆を起こした稗貫、和賀の両氏は、九戸一揆鎮圧に協力することで身分の復帰を画策していたとみられる。2人は和睦が無事整ったと思ったのだろうか。しかし、実際はそうはならなかった。

8月12日、三戸家臣福士直経は政宗に対し、使者の通行の手助けをするよう信直から命を受けたが、使者が途中で引き返したと伝えた。三戸家臣簗田詮泰も同15日に、使者を手助けできなかった旨を報じ、「九戸一和」（和睦）について、信直は了承しているが、秀次が下向してくるので、調停については長吉と相談の上で進めるよう伝えた。

このとき、政宗は病で仕置軍から外され、先鋒は、豊臣政権の奥羽支配の要である蒲生氏郷に代わっていた。氏郷の方針はもちろん九戸成敗であり、調停の使者が引き返したのは、彼ら征伐軍の意向が関係していたと思われる。

政宗はなぜ和睦を目指したのだろうか。中世において紛争が起こった際、第三者が間に入り仲裁する「中人《ちゅうにん》」という制度があった。南奥羽では、在地独自の秩序として捉えていたようで「奥州ノ作法」（『伊達日記』）と記されている。政宗はこの慣習に基づいて九戸一揆の調停を取り持とうとしたのかもしれない。

結局、和睦がなされることはなかった。8月23日、氏郷は政宗に和賀郡（岩手県北上市および周辺）到着を伝え、九戸に着陣すれば数日で一揆を鎮圧できるとの自信を示した。

秀吉の思惑

九戸一揆などの鎮圧のため上方から大軍が派遣された頃、豊臣秀吉の視線は既に朝鮮へ向いていた。一揆鎮圧の最中である7月22日に出された朝鮮出兵のための肥前名護屋（佐賀県唐津市）在陣衆を記した朱印状には、奥州奥郡仕置軍の面々や南部利直など一揆に対応している者も組み込まれていた。秀吉にとって奥羽の一揆は、早々に片を付けたい出来事だったのだろう。

九戸方拠点 次々に陥落

滝尻侑貴

仕置軍到着

天正19（1591）年8月23日、豊臣政権による仕置《しおき》軍の先鋒《せんぽう》となった蒲生氏郷《がもううじさと》は和賀（岩手県北上市および周辺）に着陣した。到着直前の2、3日は洪水で足止めされていたというので、大雨だったようである（「伊達家文書」）。一方、浅野長吉《ながよし》は先に糠部《ぬかのぶ》郡（青森県東部、岩手県北）にいたようで、27日には九戸城（岩手県二戸市）周辺に陣を張っていた（同日付蒲生氏郷書状『蒲生家系図由緒書』）。南部領周辺の領主である秋田（安東）氏、津軽氏も政権の奉行大谷吉継《よしつぐ》の指示に従って九戸城に集結しつつあった。

一方、葛西・大崎や和賀・稗貫《ひえぬき》で鎮圧された一揆勢の残党も九戸城に集まってきていたようで、九戸一揆が奥羽各一揆の決戦の場となっていた。ここで改めて一揆中の動向を時系列に沿って簡単に整理する。

2月初めに蜂起した一揆勢に対し、同月中に八戸氏が櫛引氏と交戦。南部信直は一戸城（岩手県一戸町）へ攻め懸け、城を攻め落とした。

3月初め、一揆勢は反抗に出て、九戸氏は一戸城へ、櫛引氏は苫米地（青森県南部町）へ、七戸氏は伝法寺（同十和田市）へそれぞれ派兵した。いずれも陥落しなかったが、その後、信直方だった浄法寺氏家臣の一部が離反し、内部から一戸城を乗っ取った。

4月、信直の嫡男《ちゃくなん》利直が豊臣秀吉に援軍を請うために出立。その頃、信直は野田氏や久慈氏に小軽米（岩手県軽米町）までの進軍を命じ、攻め落とした。

九戸方に付いた島森館主島森安芸の墓と伝わる五輪塔＝八戸市南郷島守

6月、南氏と櫛引氏が交戦。中央では、秀吉が「奥州奥郡仕置」を発布する。

7月、八戸氏が櫛引氏と交戦し、島森（島守）館（青森県八戸市南郷）を攻め落とす。また、九戸方に寝返った浄法寺氏の家臣が再度信直方に帰参した。「豊臣軍派遣と伊達政宗の調停」の項で述べた、伊達政宗が調停を試み、断念したのはこの時期である。そうして8月、仕置軍がやって来るのである。

さて、九戸一揆に関しては、現存する同時代の文書や異同の多い後世の編さん物などから当時の正確な情報を知ることは容易ではない。2、3月の一戸城での攻防を例に見てみよう。

宗家《そうけ》が滅んだ一戸氏で、九戸方として蜂起したのは分家筋の一戸光方と考えられるが、2月に信直によって滅ぼされた。その後、信直は一戸城に重臣北信愛《のぶちか（のぶよし）》を配し、この信愛の次男秀愛《ひでちか》が城代《じょうだい》として城を守備していたとされる。そうした中、3月に九戸氏が一戸城に攻め懸けたのである。

信直や前年から糠部郡にいた浅野長吉の家臣たちが一戸城に駆け付け、防衛した。その後、反攻のため、一戸の月館城に入り（色部長実宛南部信直書状、同浅野忠政等連署書状「色部文書」）、ここを拠点に周辺へ兵を出した。

一方、一戸実相寺《じっそうじ》の由緒書は、一戸城代の北秀愛が城を捨て三戸に逃れる最中に討ち死にしたと記す。遺体は一戸の山に埋められ、三戸に無事逃れたといううわさを流したとするが、実際には秀愛は戦死していない。一揆鎮圧後に和賀、稗貫が与えられて、名前を直愛と改めて花巻城（岩手県花巻市）へ入ることになる。中世北奥羽の合戦を締めくくる九戸一揆は、後世の編さん物にも多く記述されるが、劇的な展開に描くため創作された部分も少なくない。

ただし、浅野勢が苦戦していたのは事実のようで、近年再評価された8月晦日《みそか》付の徳川家康が浅野長吉に宛てた文書（「牛込家文書」）では、岩出山城（宮城県大崎市）の普請が半分以上できたので、家康自身が手助けに出馬するがどうかという内容が記されている。

仕置軍の準備が整い、攻撃が開始されるのは9月1日である。この日、九戸方の姉帯城、根反《ねそり》城など一戸の城を一日のうちに4、5カ所陥落させた。これらの城はことごとく「なでぎり」（皆殺し）にしたという（9月5日付浅野次吉《つぐよし》書状写『南部耆旧伝』、同14日付浅野長吉書状「浅野家文書」）。

島森攻防戦

天正19（1591）年7月、九戸方に付いた櫛引氏の支城島森（島守）館が落城する。後世の編さん物『南部家伝旧話集』は、八戸氏が櫛引城を攻めるように見せて方向を変え島森館に押し寄せたと記す。館主島森安芸は城から打って出たところを、鉄砲で撃たれて戦死したという。このとき、八戸勢は近くに積んであった稗を盾にしたとある。おそらく、茎を縛って稗束にしたのだろう。

九戸落城

大軍の猛攻に３日で降伏

滝尻侑貴

豊臣政権の仕置《しおき》軍は天正19（１５９１）年9月2日、九戸城（岩手県二戸市）を取り囲んだ。奥羽支配の要として会津（福島県会津若松市）に配置された蒲生氏郷《がもううじさと》、政権の奉行浅野長吉《ながよし》、豊臣秀吉のおい秀次の重臣堀尾吉晴、徳川家康の重臣井伊直政を中心とし、近隣からも出羽（秋田県、山形県）の戸沢、六郷、本堂、小野寺、秋田の各氏、由利衆、津軽氏や松前氏といった領主が集結していた。

攻め手はすぐに堀際まで竹束を築いた。竹束とは文字通り竹を束にして縛ったものである。城からの矢・鉄砲を防ぎ、かつ軽く移動がしやすい防壁の役割を持っていた。この陰から毎日、火矢や鉄砲で城を攻め懸けた（同月5日付浅野次吉《つぐよし》書状『南部耆旧伝』）。

4日、連日の仕置軍の攻撃に九戸城は落城した。九戸政実《まさざね》は頭をそり、妻子を連れて出頭、櫛引などもこれに続いた。政実らは二本松（福島県二本松市）にいた豊臣秀次の元へ送られることとなった。一揆勢はことごとく首を切られたが、その数は１５０余りに上った（同月14日付浅野長吉書状「浅野家文書」）。

以上が、同時代の文書から分かる九戸落城の経過である。具体的な攻防の様子は分からない。近年、竹井英文氏が注目したのが、「里見吉政戦功覚書」である。里見は井伊直政の家臣として参戦した武士で、晩年の寛永5（１６２８）年に、自身の経験を子孫に伝えるために覚書を記したとされる。この中には、九戸一揆の様子も書かれている。

九戸城攻めを開始した際、井伊氏の軍勢は他大名に先んじて一夜のうちに堀際まで攻め寄せた。蒲生勢は二晩かけても近寄れず、浅野勢は2日、堀尾勢は3日かかったと記している。堀尾勢が城に近づけたのは降伏直前ということになるだろうか。一番早く城に迫った井伊氏の軍勢に対し、城から降伏の意思が伝えられたとしている。

九戸城攻防戦における豊臣仕置軍の配置

＊南部光徹氏所蔵文書「九戸御陣図」を基に作成

その他、同じく寛永年間（1624～44年）に記されたと思われる『蒲生氏郷記』にも面白い記事がある。九戸一揆に関する記述の中に、夷人（アイヌ）の存在が見える。蒲生勢は夷人を数人召し連れ、彼らの毒矢を戦で生かそうとしたようだ。その風貌は、人の形をしているが全身に毛が生えており牛のようで恐ろしいと記す。九戸開城後には、氏郷の前で酒を振る舞われた夷人が、さまざまな儀式を行ったとある。記述が事実だとすれば、蒲生勢の夷人は、信直が紹介したものだろう。

聖寿寺館《しょうじゅじたて》跡（青森県南部町）の発

掘でも、夷人が自身の所有を示すために付けるシロシ（印）の入った染付皿の破片が見つかるなどしており、南部氏全体を通して夷人との交流があったと考えられる。

この攻防戦には後世の創作も多い。江戸時代の軍記物『奥羽永慶軍記』などは、九戸政実が敵の大軍にも臆せず、猛攻に耐え続けたとする。しびれを切らした豊臣軍側は、九戸氏菩提《ぼだい》寺長興寺の僧を派遣して政実を説得。政実は、自身も含めた首謀者の首と引き換えに城内の者を助命することを条件に降伏したが、これは豊臣方の策略であり、城内は撫《な》で切り（皆殺し）に遭う、という悲劇が描かれているのは有名だろう。

『九戸軍談記』などでは僧を「察伝《さつでん》」と記しているが、なぜか現在は「薩天《さってん》」という名が有名となっている。実際にはこれらの僧名は、現在長興寺の記録に残っておらず、城も3日ほどしか持たなかった。

しかし、このように創作が多くされていることは、それだけ当地方の人々にとって九戸一揆が劇的な出来事であったことの証しなのだろう。

さまざまな陣図

現在、九戸城を包囲した諸将の配置を記した陣図は複数あり、なかなか真偽が確かめられない。絵図によって、参戦した武将の配置に統一性がないためである。本稿は根城南部家に残された、寛文7（1667）年に写された図を参考に図版を作成したが、他の陣図では、南部信直の位置に井伊直政がいたり、堀尾吉晴が城の南にいたり、南西にいたりと大きく異なっている。

九戸政実ら首謀者を斬首

戦後処理

滝尻侑貴

　天正19（1591）年9月、九戸城（岩手県二戸市）落城後、九戸政実《まさざね》ら主要人物らは、仕置《しおき》軍の総大将であった豊臣秀次のいた二本松（福島県二本松市）へ送られた。しかし秀次は、政実らと会うことなく、途中の三迫（宮城県栗原市）で斬首した。葛西・大崎一揆勢の首は、塩漬けにされて京都に送られているので（『伊達治家記録』）、政実らの首も実検した後、京都に送られたと思われる。

　仕置軍は、すぐに戦後処理を始めた。九戸城の改修である。10日には普請が始まっていたようで、本丸はあと2日ほどで終わり、その後小丸、外丸はそのままにする予定だった（蒲生氏郷《がもううじさと》書状「浅野家文書」）。普請は迅速に行われ、13、14日の浅野長吉《ながよし》の書状では、数日のうちに完成するとしており、20日には氏郷が普請を終えて沼宮内（岩手県岩手町）まで移動しているため、たった10日前後で終了したようである（蒲生氏郷書状「伊達家文書」）。改修後、九戸城は福岡城と改名し、南部信直が三戸城（青森県三戸町）から移って南部氏の本拠地とした。

　そして、信直も戦後処理を始める。一揆で成敗され闕所《けっしょ》（領主不在）となった地域などに、新たな家臣を配置し、領内の再掌握に努めた。これは12月ごろまで続いている。例えば八戸氏に平舘村（岩手県八幡平市）と島森村（青森県八戸市南郷）、北秀愛《ひでちか》には和賀・稗貫《ひえぬき》郡（岩手県北上市～花巻市および周辺）の一部、元江刺郡（同奥州市および

九戸政実の首塚。処刑された三迫から、家臣がひそかに持ち帰って埋めたとの伝承が残る
＝九戸村小倉

周辺）領主で「奥羽仕置」により領地を没収されて南部氏に従属した江刺重恒に和賀・稗貫郡の一部、種市氏に九戸村（同県）の一部などが与えられたことが分かっている。

同時に信直は、改めて豊臣政権との結び付きの重要性を再認識したようで、蒲生氏郷を証人に秀吉への忠誠を誓ったり（9月15日付「蒲生氏郷起請文《きしょうもん》」）、京都にいる嫡子《ちゃくし》利直の世話をしていた秀吉の祐筆である山中長俊に利直の指導を頼んだりしている。

また、戦場となった地域でも戦後処理を行った。一戸平糠村（岩手県一戸町）では、戦禍を逃れるために離れた農民を帰村させ、元の状態に戻すために出された帰村令の連署状が残る。9月6日付で蒲生氏郷、浅野長吉、堀尾吉晴、井伊直政といった仕置軍の主要人物の連名で発布された。村の代官が、戦の終結と、仕置軍の乱暴狼藉《ろうぜき》がないことを証明するために仕置軍に発布してもらったものと考えられる。

そうして戦後処理が一段落した翌文禄元（1592）年6月11日、2年前の朱印状「覚《おぼえ》」で指示されていながら、一揆発生により行えずにいた、諸城破却を実施した。破却の内容を記した「奥州南部大膳大夫《だいぜんのだいぶ》分国之内諸城破却書立有之事」は、信直重臣の北、中野、東、北、楢山、八戸、南などが、蒲生家臣速水氏と乾氏に対して提出したものである。城の名前と種類（平城や山城など）、そして城代《じょうだい》の名が郡ごとに記されている。内容に異同のある複数の写しが残るが、「赤沢家文書」の写しでは、和賀、稗貫、志和《しわ》、岩手、糠部《ぬかのぶ》各郡の48城のうち、鳥谷崎《とやがさき》、新堀、片寄、見舞、長岡、不来方《こずかた》、葛巻、鱒沢、三戸、名久井《なくい》、剣吉《けんよし》、毛馬内《けまない》、花輪、洞内、野辺地を残して33城が破却されたとする。

なお、破却とは城そのものを使えなくするものではなく、堀や塀、柵といった防衛機能を排除するものであった。破却後もその場所は使用され、人が生活していた。

破却対象には、唯一残った「『戸《へ》』の領主」八戸氏の城も含まれた。九戸一揆を踏まえ、万が一に備えて八戸氏の勢力を削る三戸氏の政策の一つだったと考えられる。

「破却」の理解

以前の研究では、城の「破却」とは廃城だと理解されていた。そのため、八戸氏も根城（青森県八戸市）破却後は一族新田《にいだ》氏の新田城に仮住まいしたなどと考えられていた。しかし、根城の発掘成果により、門や柵などがない状態の建物遺構が見つかったことで、破却後も人が住んでいたことが証明された。この事実は、全国的に影響を及ぼし、破却の新解釈のひな形となった。

連歌の教養深める戦国領主

俊恕と八戸直栄

熊谷隆次

戦国末期、糠部郡《ぬかのぶ》（青森県東部、岩手県北）に不染斎俊恕《ふぜんさいしゅんじょ》という文人がいた。三戸の目時館（青森県三戸町）に孫と一緒に居住していたことが確認できるため、南部信直の家臣目時氏の出身と推定される。

俊恕が天正16（1588）年12月末〜同19（1591）年12月の3年の間に発した34通もの書状が「南部光徹《こうてつ》氏所蔵文書」の中に現存する。近年、年代比定が進み、彼から学問を学んだとみられる根城（青森県八戸市）城主八戸直栄《なおよし》を中心とした文化的交流を克明に描くことが可能になった。

戦国期の代表的文芸として、連歌がある。戦国期の八戸家でも毎月25日、天神（菅原道真）の供養のため、その画像を掛けて連歌百韻《ひゃくいん》を奉納する寄合（連歌会《れんがえ》）を根城で興行した（『八戸家伝記』）。俊恕書状からも、直栄が「月次《つきなみ》」（毎月）の連歌会を行っていたことが確認できる。

天正17（1589）年5月上旬ごろ、宗加《そうか》という連歌師が八戸を訪れた。近年の新出史料（「南部光徹氏所蔵文書」）で、当代一流の連歌師里村紹巴《じょうは》に師事した人物であることが明らかになった。八戸直栄から宗加との面会に誘われた俊恕は「身に余る光栄だ」と書状に記し、老齢の身ながら歓喜の色を隠さなかった。京都から下ってきた連歌師との参会は、技量を上達させ得る数少ない機会であり、地方領主の羨望《せんぼう》の的であった。

約半月後の5月下旬ごろ、宗加は、南部信直の一族南慶儀《のりよし》の拠《よ》る五戸浅水城（青森県五戸町）を訪問した。ここでも連歌会が催され、慶儀は八戸直栄を浅水城へ誘っている。その後、宗加は三戸城（三戸町）の南部信直の元を訪れたようで、やがて八戸へ戻った。翌天正18（1590）年2月、俊恕は直栄への書状で「宗加から日夜連歌の稽古を受けてうらやましい」「宗加が旧冬から今春まで詠んだ発句《ほっく》を教えてもらいたい」と報じている。宗加はこの後間もなくして、帰京した。

　宗加の滞在中の天正17年7月上旬ごろ、俊恕は遅れていた根城訪問をようやく果たした。八戸直栄の手厚い歓待を受け、根城では連歌会が催された。参集したのは、中館政直とその弟忠知と子勝重・義久、沢里氏、西村安芸守《あきのかみ》、三上筑前守など、八戸氏の一族・重臣であった。9カ月後の翌18年4月上旬ごろにも、俊恕は根城を訪問した。

　なお、天正17年3月および5月、俊恕は直栄に対して根城訪問の遅延理由を、「若者」が「陣立《じんだて》」（出陣）したからであると伝えている。

木々に囲まれた中央の小高い場所に、不染斎俊恕が居住した目時館があった
＝三戸町目時（馬淵川を挟んだ二戸市釜沢側から撮影）

また、6月の書状では、「若者」が直栄の「陣立」の「御供」のため向かったとも記している。

同年3月ごろ、津軽では大浦（津軽）為信が挙兵した。これを鎮圧するため、八戸氏は津軽浪岡城（青森県青森市）へ出陣したとされている。直栄の「陣立」とは、この浪岡城への出陣のことと考えられる。「若者」とは、直栄が俊恕に付けた「警固衆《けいごしゅう》」であろう。

天正19年にも、俊恕は根城を訪問する予定であった。しかし、同年春より領内では「乱逆」「弓矢」（合戦）が起こったため「路次不通」（通路不通）となり、俊恕は目時館に「籠城」「籠館《ろうかん》」して訪問できなかった。「乱逆」とは、謀反を意味するため、九戸政実《まさざね》らの一揆蜂起と判断して間違いない。「路次不通」「籠城」から、目時館周囲でも合戦が起きていたことが分かる。

連歌は「一揆の文芸」「寄合の文芸」ともいわれ、家中《かちゅう》の交流に加えて、戦勝祈願のためにも行われていた。連歌という文芸は、まさに戦国期の領主の〝活力〟となっていたのである。

文化的素養の伝授

不染斎俊恕が住む目時館には、和歌や連歌を記すための和紙（懐紙）をすく工房が設けられていた。また、俊恕の元には『新古今和歌集』『伊勢物語』の他、糠部郡内に類本がないと評価された歌集などの古典籍が知的財産として蓄積されていた。八戸直栄は、師俊恕が自ら懐紙に筆写した古典を贈られるとともに、連歌師宗加からは連歌の稽古や『伊勢物語』の伝授などを受け、文化的素養を習得していた。

V

発掘された南部氏城館

聖寿寺館研究の最前線Ⅰ

布施和洋

守行時代に築城か

三戸南部氏は室町・戦国時代に南部氏一族の盟主としての地位を固め、15世紀末〜16世紀前半になると東北地方北部最大の戦国大名として成長していったと考えられる。その頃の本拠地で、「南部屋形」と称されたと推測される聖寿寺館《しょうじゅじたて》は、近年の発掘調査により新事実が明らかとなりつつある。

聖寿寺館は青森県南部町の西部、馬淵川左岸の台地上に築かれた館で、奥州街道と八戸―鹿角街道の結節点に立地する。曲輪《くるわ》の四方は幅10〜30メートルの直線の堀で〝コの字形〟に区画され、南西部は断崖となり沢からの比高は約30メートルに達する。

北側の堀は東西約３００メートル、東側の堀は南北約２５０メートル、南側の堀は東西約１５０メートルの規模があり、イメージ的に戦国時代の城というより、室町時代の守護居館に近い。堀内部の曲輪北東部には、幅約２メートルの溝で区画された１辺１００メートル四方の方形区画も確認されている。当時、室町幕府の足利将軍邸を頂点とする権威の象徴でもあった大型方形居館を、南部氏一族の中で三戸南部氏だけが導入していたことは興味深い。

この三戸南部氏による中央志向を端的に示しているのが、安産祈願のお守りと考えられる犬形土製品である。聖寿寺館の中心部から出土したこの製品は、国内の出土傾向から都周辺で生産されたと考えられ、関東・甲信では出土していないことから、南部氏が日本海経由で都と直接交渉を持っていた証拠と考えられる。全国的に１遺跡で１点か２

点の出土が多く、大量に流通するものではなかった。東北地方では3点確認されており、上杉氏、伊達氏、南部氏の城館でそれぞれ出土している。この3者に共通していることは、任官・偏諱《へんき》など、幕府と交渉するために都に直接届くチャンネルが必要だったということである。

15世紀前半～16世紀前半に三戸南部氏の本拠地であった聖寿寺館跡＝南部町小向（南部町教育委員会提供）

さて、聖寿寺館はいつ、誰によって築城されたのであろうか。残念ながら、聖寿寺館の築城年代や築城主を記した、信頼できる同時代史料は残されておらず、この状況は根城（青森県八戸市）や七戸城（同七戸町）も例外ではない。実は、南部氏一族のどの中世城館も、同時代史料で明確な築城年代が記されたケースは皆無である。

聖寿寺館跡では、過去に山形大学高感度加速器質量分析センターによって柱穴出土炭化物の放射性炭素年代測定が実施されたが、室町時代から江戸時代初頭にかけては高い測定精度が得られない時期のため詳細な年代に迫ることができなかった。

しかし、これまでに出土した約5千点以上に上る中世陶磁器の年代から、考古学的にある程度の年代推定が可能となった。陶磁器の器形・デザインは年代ごとに異なり、現代の自動車の年式のように年代を絞ることができる。デザインごとの分類とその数量の分析を行ったことで、聖寿寺館は15世紀前半に築城されたことが明らかとなった。

デザインの移り変わりが比較的速い瀬戸美濃製品のうち、何世代も使われた可能性が低い碗・皿類が一定量出土するのは古瀬戸《こせと》後Ⅲ期（15世紀前半代）からであり、同時期の青磁碗なども一定量出土している。

一方、聖寿寺館跡の遺構は5～6回程度、同じ場所で重複しており、建物寿命を一世代20年と考えると、城館存続年代は100～120年程度。出土陶磁器の最終年代から、諸史料にある天文8（1539）年の廃城は間違いないと考えられ、遺構変遷からも築城年代は15世紀前半代に求められる。

この年代は、三戸南部氏最初の最盛期を築いたとされる13代守行の時代に当たる。

「聖寿寺館」の呼び名

『新撰陸奥国誌』（明治9年＝1876年）に登場する「聖寿寺古館跡」に基づいた遺跡名であり、当時の名称は不明。江戸時代の諸書には「三戸居城」「三戸御城」とある。遠藤巖氏は「幕府使節僧」とみられる円福が、長禄4（1460）年ごろ八戸政経に宛てた書状にある「堀内」を三戸南部氏当主と指摘。館跡中心部出土の硯《すずり》にも「堀内」の線刻があり、若松啓文氏は「堀内（ほりのうち）」が当時の呼称であった可能性を指摘している。

津軽支配による〝物流革命〟

聖寿寺館研究の最前線Ⅱ

布施和洋

15世紀前半、南部氏は2度にわたる津軽侵攻により「日之本将軍」安東（安藤）氏を滅ぼし、津軽を手中に収める。津軽支配による経済的な恩恵は多大なものだったことが発掘調査から明らかとなっている。

現代日本では、東京や名古屋、大阪などの大都市圏や工業地帯は太平洋側に集中する。それらが新幹線や複数の高速道路、海路で結ばれ、太平洋ベルト地帯を形成し、圧倒的に日本海側よりも太平洋側が繁栄している。しかし、今から約500年前の室町・戦国期は表裏逆であった。

当時は舗装道路やトラックがないため、商品は海路で運搬されたが、太平洋を北上する商船ルートはまだ開拓されていなかったため、日本海ルートが物流の大動脈だった。大陸最大の貿易港・寧波から、当時の日本の玄関口である九州博多（福岡市）へ物資が運ばれ、さらに瀬戸内海や中国山陰地方、三国（福井県）、輪島（石川県）など各港を経由して、多くの舶来品が東北地方にももたらされたと考えられる。安東氏が支配していた十三湊（青森県五所川原市）は、この日本海ルート最北の拠点貿易港だった。

この利権を獲得するためか、三戸南部氏が中心となって津軽へ侵攻、十三湊安東氏を滅ぼすに至り、各地に南部氏勢力下の支城が形成され、物流ルートも整備されていったと考えられる。

聖寿寺館跡で出土した陶磁器（南部町教育委員会提供）

聖寿寺館跡《しょうじゅじたて》（青森県南部町）の発掘調査では、三戸南部氏が津軽侵攻後、日本海交易によりもたらされたと考えられる商品や利益を享受していた痕跡が確認されている。

聖寿寺館跡で出土した瀬戸美濃製品の数量を年代ごとに集計すると、津軽侵攻後の15世紀末～16世紀前半になると直前の時期の約40倍に増加し、三戸南部氏の中で〝流通革命〟とも呼べるような大きな変化が生じたことが読み取れる。一方、聖寿寺館から東に約20㌔しか離れていない根城南部氏（八戸氏）の根城（青森県八戸市）ではほとんど変化が確認されていない。

おそらく、15世紀中ごろまでは日本海ルートから八戸経由で聖寿寺館へモノが入ってきていたが、15世紀末の三戸南部氏による津軽支配により、根城南部氏とは異なる物流ルートが開発されたものと考えられる。

そこで注目されるのは、外ケ浜を支配していた北畠氏浪岡城（青森県青森市）の存在である。浪岡城と聖寿寺館の瀬戸美濃製品の増減推移を比較すると、驚くほど類似しており、陶磁器組成も瓜二つである。また、陶磁器以外にも、中世アイヌ文化の骨角製品や、柱穴内に礎石を配置する特殊な大型建物遺構も、東北地方では両城館だけで確認されており、遺構・遺物共に共通点が多い。日本海交易で外ケ浜に荷揚げされた陶磁器類は陸路で、浪岡城→鹿角→田子城経由ないしは七戸経由で聖寿寺館まで運ばれた可能性が高いと考えられる。

聖寿寺館跡の陶磁器は、内訳が高級品の大陸産70％、国産30％と、大陸産出土割合が国内屈指の高さであることが特徴的であり、当時、唐物《からもの》としてもてはやされた舶来品が、南部の武将たちに好まれていた様子がうかがえる。国内の出土が数例の青磁鉄斑文《てつはんもん》瓶、瑠璃釉《るりゆう》磁器、青磁不遊環《ふゆうかん》付瓶、青磁盤、青磁花生、青磁器台、青白磁梅瓶《めいぴん》、染付魚藻文《ぎょそうもん》皿・龍濤文《りゅうとうもん》壺、茶壺など、一級品の高級陶磁器が多く、南部一族の中でも三戸南部氏だけに見られる特徴となっている。特に瑠璃釉水注は、国内では首里城（沖縄県那覇市）と聖寿寺館の２例しか確認されていない。

これらは「君台観左右帳記《くんだいかんそうちょうき》」に見られるような屋敷の座敷飾りに用いられたと考えられる。

聖寿寺館は、はるかかなた、大陸から始まる日本海交易の終着駅でもあり、この恩恵は戦国大名化を図る南部氏発展の原動力となった。

聖寿寺館以前の居館

聖寿寺館は15世紀前半代に築城されたと考えられることから、三戸南部氏最初の居館ではないことになる。最初の居館は聖寿寺館東方約800メートルにある平良ケ崎《へらがさき》城とみる説が有力である。聖寿寺館跡の小字名が字舘であるのに対し、平良ケ崎城跡は字北古舘、南古舘となっており、青磁酒会壺《しゅかいこ》や中国天目茶碗、青白磁梅瓶など聖寿寺館と同様の高級陶磁器が出土している。

聖寿寺館研究の最前線 Ⅲ

布施和洋

勢力拡大とともに大型化

聖寿寺館跡《しょうじゅじたて》（青森県南部町）は城館本体だけでも9万平方メートル以上と広大であるため、城館建造物の性格や配置は長らく不明であったが、近年の調査で次々と中心建物跡とみられる掘立柱《ほったてばしら》建物跡群が確認され、居館内部の空間利用が解明されつつある。

主要建物跡は建物A~Rの18棟が確認されている。中でも建物Bは東西21間×南北18間（約42メートル×36メートル）と、同時代の城館建物跡としては東北最大規模を誇る。柱には一辺15~19センチの太さの角柱が用いられ、一部の柱穴から出土した炭化材の分析から、耐水性の強いヒバ材も利用されていることが明らかとなった。

また、建物Fは他の建物跡と比較して柱穴が直径1メートルと数倍大きく、建物中心部を囲むように柱穴内の礎石（根石《ねいし》）が規則的に配置されている。柱も一辺25・5センチと他の建物跡より非常に太いことから、建物Fは上屋が加重のかかる構造であった可能性が高い。

このような大型柱穴と規則的な柱穴内礎石の配置が見られるのは建物Fだけであり、他の建物跡とは用途・性格が異なっていた可能性が高い。山形大学の永井康雄教授は、北東北地方の室町・戦国期城館では瓦が用いられず、建物Fの屋根が板葺きであれば、加重を支える構造の理由は2階建てくらいにしか求められないのではないかと考えた。そして、九州・豊後国府内（大分県大分市）の「大友の二階崩れ」の例などから、地方にも楼閣建築が取り入れられていたことを指摘している。

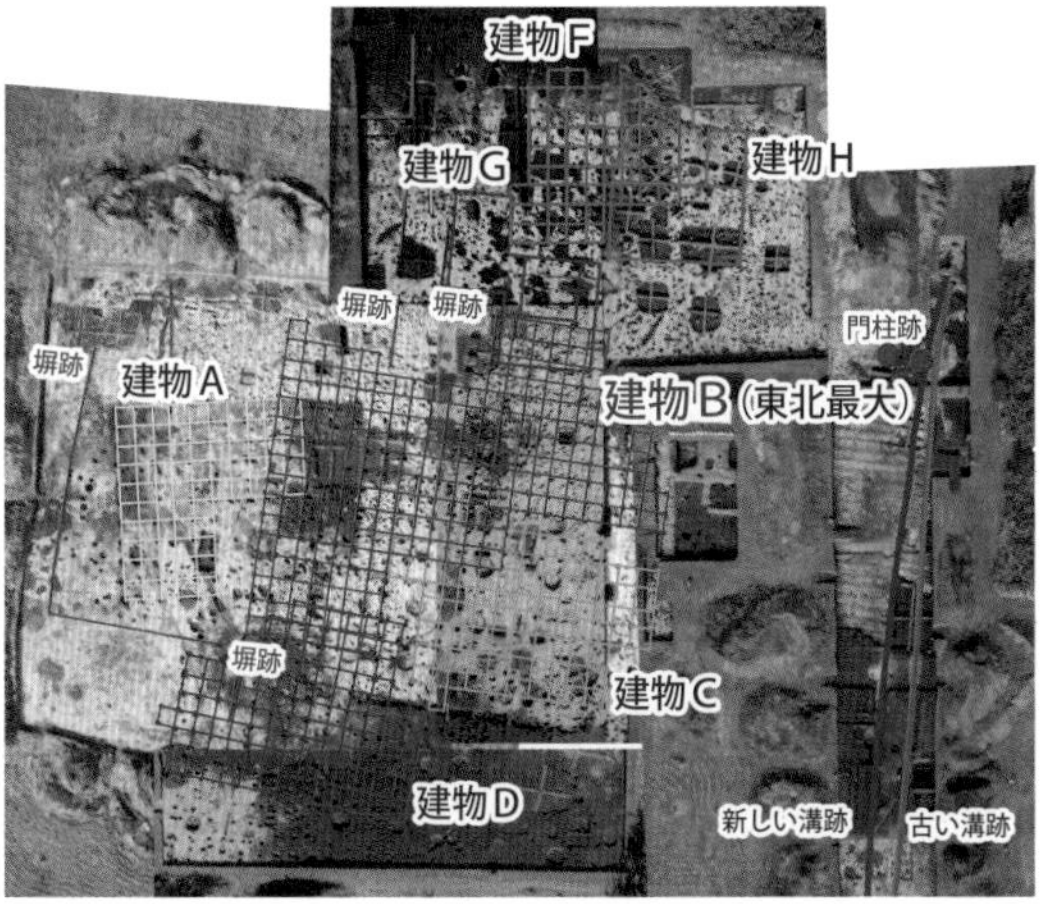

聖寿寺館跡における中心建物の配置
＝南部町小向（南部町教育委員会提供）

また、東北地方の例として、伊達氏の米沢城（山形県米沢市）にも、天正2（1574）年段階で2階建てだったことを示す史料の記述「大ていのにかい」がある（『根城　主殿復原工事報告書』）。聖寿寺館の建物Fの中心部分も2階建てであった可能性が十分考えられる。これらの建物群があった区画では、中世では東北で唯一の金箔《きんぱく》土器や、希少性の高い高級陶磁器が出土しており、格式が高い空間であったことがうかがわれる。

建物の構築順序は、遺構の重複関係、建物の規模、出土遺物から建物A→建物C、建物D、建物F、建物G→建物Bが想定される。建物Aは1棟だけ軸が異なり、重複関係も古いことから城館で最も古い建物跡と考えられ、年代は15世紀前半から中ごろが想定される。一方、建物Bは16世紀前半の陶磁器が柱穴から出土し、柱には抜き取り痕が見受けられないため、天文8（1539）年に焼失した晴政段階の建物であると考えられる。

建物B西側には東西約20メートル、南北約30メートルのL字状の建物に付随する区画塀があり、塀に囲まれた空間は庭として使用されていた可能性がある。永正5（1508）年ごろ、都の連歌師ト純《ぼくじゅん》は、聖寿寺館逗留中に詠んだとみられる歌の中で「苔《こけ》の庭」という表現を使っていることから、苔庭が広がっていた可能性も考えられる。

聖寿寺館では15世紀前半ごろから16世紀前半の約100年余りで、建物Aから建物Bへと、建物規模が東西、南北方向へ約2倍に拡大している。規模の拡大は三戸南部氏が津軽地方へと勢力圏を拡大した時期と重なる。勢力拡大とそれに伴う家臣団の増加から、家臣団が集まる儀礼空間が大規模化したという図式が想定され、建物の大型化から三戸南部氏の戦国大名化が推察できる。

また、15世紀末～16世紀前半には城館北側虎口で版築土橋を架け直した上、2カ所で通路を直角に曲げる「枡形」を導入し、城館南側では堀を埋め立てて土橋状スロープを構築しており、この時期に聖寿寺館の大改修が行われたことも明らかとなっている。

しかし、せっかく改修した城館を三戸南部氏は天文8年に惜しげもなく放棄してしまう。16世紀第2四半期以降、全国的に各地の大名クラスが平地の守護居館から防御に有利な山城へと拠点を移していくが、三戸南部氏も本拠地を南部氏一族で唯一の山城である三戸城（青森県三戸町）に移転し、領国経営の求心力を高めていったと考えられる。

中世アイヌ文化の痕跡

聖寿寺館跡では中世アイヌ文化の痕跡として、特有の骨鏃《こつぞく》や骨針、装身具と考えられるガラス玉、有孔銭貨、有孔クマ犬歯、底部に「シロシ」（印）と呼ばれる刻印が施された陶磁器などが出土している。骨角製品は道具の素材や未成品もある上、城館全域に分布していることから、アイヌ文化の担い手が三戸南部氏の居館内部に長期滞在または居住していたと考えられる。

出土人骨に殺りくの痕跡

考古学から見た九戸一揆

柴田知二

奥州糠部郡《ぬかのぶ》二戸（宮野）の地に、九戸氏居城の九戸城（岩手県二戸市）がある。九戸政実《まさざね》を中心とした一揆勢は、天然の要害であるこの堅城で、豊臣政権の再仕置《しおき》軍を迎え撃った。

天正19（1591）年9月2日から始まった九戸城の籠城戦は同月4日には終了。戦いの様子を記した、浅野長吉《ながよし》が長束《なつか》正家に宛てた同月14日付書状写には、政実の降伏を伝えるとともに150もの一揆勢の首をはねたとある（「浅野家文書」）。

豊臣秀吉が前年8月12日付で、浅野長吉に下した朱印状では、百姓が検地に従わない場合には「悉《ことごとく》なてきり可仕候」と厳命した（同文書）。また、浅野長吉の家臣浅野次吉《つぐよし》は九戸開城直後の9月5日付書状で、1日に九戸方の一戸を攻撃した際、ことごとく「なでぎり」（皆殺し）にしたと記している（『南部耆旧伝』）。

江戸時代の史料になるが、南部信直の事績をつづった『信直記』は、九戸城の籠城者を本丸から二の丸へ移して火を放ち、逃れる者を弓・鑓《やり》・鉄砲・長刀で討ち取ったとする。『蒲生氏郷《がもううじさと》記』は三の丸に押し込めて焼き殺し、同様に逃れる者は弓・鉄砲で撃ち殺したと、いわゆる「撫《な》で切り」の凄惨《せいさん》な様子を示している。

九戸城内からは、農作業の耕作中に度々人骨が出土し、これを納めた九戸城戦没者供養塔も存在するが、軍記物などに記述されている政実降伏後の撫で切りの事実は、長ら

平成7年の調査により十数体の人骨がまとまって見つかった九戸城二の丸大手近くの土坑墓（二戸市埋蔵文化財センター提供）

く不明であった。

撫で切りについて考古学的な発見があったのは、九戸城跡の平成7（1995）年の調査である。二の丸大手付近の土坑から、頭骨を欠いた十数体の人骨がまとまって出土したのである。本来、撫で切りは首を取らずに打ち捨てにする行為だが、竹間芳明氏は戦国～江戸初期の事例から、実際には撫で切りでも「首取り」が盛んに行われていたと考えるべきだと指摘している。

人骨は全て成人で、性別はほとんどが男性だが、少なくとも2体は女性であると推定されている。上腕骨の中には、2カ所以上の損傷や、一撃で骨体が切断されているものが存在し、銃弾が当たったとみられる寛骨（骨盤部分）もあった。

人骨を分析した百々幸雄氏（当時、東北大学大学院医学系研究科教授）は、防具を身に着けていれば深手を免れた傷であることから、受傷者が甲冑《かっちゅう》、具足を着けていなかった可能性を指摘。四肢骨に多くの刀傷痕が残されていることから、撫で切りという殺りくが実際に行われただろうと推測している。

また、本丸の下層からは、焼土や被熱した遺物が確認されているが、時期は定かではない。政実が居城していた時期の遺物が少なく、出土した遺物にも火災などの痕跡が顕著には見られない。後世の史書は10日にわたり激しい攻防が繰り広げられ、落城後に炎上したとするが、実際の戦いはわずか3日間で終了した。このため、城自体は大きな破壊がなく再仕置軍が引き取った可能性もある。

考古学的には、撫で切りのような行為が人骨から確認できる一方で、籠城者を二の丸に閉じこめて火を放った上で行われたというのが事実であるのかや、犠牲の規模がどの程度であったかについては、城郭全域に対する調査面積が小さいこともあり、残念ながら断言できるまでには至っていない。

福岡千補陀堂建立碑

九戸城の北を流れる白鳥川に架かる岩谷橋の下、当時の奥州街道沿いにある岩谷観音堂。街道から観音堂へ渡る橋のたもとに石碑が立っている。江戸時代の正徳2（1712）年、八戸藩士接待宗碩《そうせき》が、千体の観音像を納めた福岡龍岩寺の堂宇建立を記念した碑である。観音像は、接待の依頼で、九戸村長興寺の奇峰学秀が制作した。接待は、九戸一揆で宗家《そうけ》が滅亡した久慈氏の末えいと伝えられている。建立当初の観音像や堂宇は、付近にあった旧龍岩寺と共に後に洪水で流失した。

九戸城と福岡城

柴田知二

一揆首謀者の城が信直居城に

九戸城（岩手県二戸市）は、天正19（1591）年の九戸一揆後に浅野長吉《ながよし》の指揮の下、蒲生氏郷《がもううじさと》によって再普請され、城名を福岡城と改められた。現在、目にすることができる九戸城の姿は、九戸政実《まさざね》の時代のものではなく、南部信直の居城となった、城郭の最終段階である福岡城である。

九戸城の本格的な発掘調査は、史跡整備を目的として平成元（1989）年から始まった。これまでの調査で、本丸を中心に織田・豊臣政権期の特徴を持つ「織豊系城郭」として再普請され、残存する野面《のづら》積み（自然石を加工せず積み上げる工法）の石垣は、九戸一揆後に築かれたことが判明している。

また、平成28（2016）年に始まった二の丸大手の調査では、全長47㍍に及ぶ大規模な虎口構造や土橋の両側に石垣が築かれていたことが判明し、一揆後の不安定な状況から周囲の領主を威圧するとともに、敵の侵入を防ぐために強固に整備され、南部氏の本城としてふさわしい威容を誇っていたことがうかがえる。

本丸の南側堀跡の石垣をよく見ると、本丸側、二の丸側の石の積み方が異なっている。本丸側は大きめの荒割石などを用い、石の高さをおおむね水平にそろえた「布積み崩し」系統。二の丸側は小粒の石を用い、石の形状や大きさが不ぞろいの「乱積み」系統で、在地の石積技法で築かれた可能性が指摘されている。衆目に触れる本丸側の「見える石垣」と、二の丸側の「見えない石垣」を意識したのであろうか。

それでは、九戸氏時代の九戸城はどのような姿であったのだろう。天正19年9月10日付で蒲生氏郷が浅野長吉に宛てた書状には、「外丸ハ其《その》ままにて、いよゝ《いよ》手間入申《いれもうす》まじく候」とある（「浅野家文書」）。再普請された本丸、小丸以外の若狭館、石沢館が、当時の姿を保っているものと推測される。

九戸城本丸南側堀跡の本丸側に残る石垣
（二戸市埋蔵文化財センター提供）

また、九戸城の中では最大幅約50メートルを測る深田堀は、九戸城期の堀を拡張して築かれていることが判明している。

当時の姿が垣間見えてきたのは、九戸氏時代の遺構が二の丸東側上段平場の発掘調査で発見されてからである。L字状の掘立柱《ほったてばしら》建物や付随する大型の竪穴状遺構など、他の南部系城館との共通点が多く見られる。遺構は大きく2期に分けられ、少なくとも5段階の変遷があったことが分かっている。

堀跡を埋め立てて大規模な改修を行っていることも判明しており、九戸氏の勢力が伸長するに従い、城域が拡張されていった様子を示している。また、貿易陶磁器を中心とした豊富な出土遺物や、複数の曲輪《くるわ》から構成される大規模な城郭であることから、南部諸城の中でも拠点的な城郭だったことがうかがえる。

　築城された時期については、永禄11（1568）年に鹿角奪還の戦功により九戸氏に福岡地域が与えられた後とする説の一方、岩手県一戸町の実相寺《じっそうじ》の由緒や『参考諸家系図』では政実の4代前の光政の時代とする。出土遺物の年代から、少なくとも15世紀中ごろには、九戸城が利用されていたといえそうで、明応年間（1492～1501年）までには造られていたことはほぼ間違いはない。

　一揆の首謀者として処刑された九戸政実の城は、三戸南部当主信直の居城として生まれ変わり、寛永13（1636）年まで存続することになる。以後、「古城」「九戸古城」と呼ばれ、現在、九戸城跡として私たちの前にその姿をとどめている。

九戸城の石垣

　九戸城本丸南側堀跡の本丸側の石垣は、大きくV字に崩れており、破却に伴うものと推定されている。菊池悟郎『南部史要』によれば、福岡城は寛永13（1636）年に廃城となり、城内の建物は解体され、盛岡城の新丸御殿に転用されたという。寛文7（1667）年の「九戸御陣図」には、石垣の崩れた様子は描かれておらず、破却はそれ以降に行われた可能性がある。

三戸氏の本城・三戸城Ⅰ

野田尚志

権威に見合う規模の山城

三戸城は、本州最北の武士団筆頭である三戸南部氏が、戦国期から近世初頭にかけて北奥羽の支配を確立するために築いた拠点である。一門が並列する連合体から大きく抜き出た三戸南部氏は、巨大な要害三戸城を基盤に北奥羽の覇権を握った。三戸城は、その後の奥州の歴史を決定付ける舞台となった。

三戸城跡は現在の青森県三戸町市街中心部に位置する山城である。馬淵川と熊原川の浸食と大地の隆起によって形成された標高約131メートルの河岸段丘で、城下との高低差は約90メートル。規模は東西に約1・7キロ、南北に約400メートルの広大な面積を持つ。四方は名久《なく》井《い》岳や奥羽山脈に連なる丘陵が巡り、要所には泉山館、梅内館、佐野平館、赤石館、毘《び》沙門《しゃもん》館、京兆館、金堀館、雀館、豊川館、目時館など多くの支城が存在して外周の守備を果たすなど、まさに天険の要害であった。

三戸城の築城時期は諸説あるが、考古学的には明らかにできていない。一般的には、諸史料で天文8（1539）年に起きたとされる本《もと》三戸城（聖寿寺館《しょうじゅじたて》、青森県南部町）の焼失を受けて、その後、現在の三戸城へ移城したと解釈されている。

事実、聖寿寺館跡から出土した陶磁器片の鑑定結果からは、館の最終時期は16世紀の中ごろであると分かっている。また、出土した数千点の陶磁器片に被熱の痕が付いており、その原因として、火災以外には説明がつかないことなどから、天文年間（1532

～55年）に聖寿寺館が実際に焼失した可能性は極めて高いとされている。

では、なぜ三戸氏はこの場所を城地に定めたのだろうか。移城における本来的な背景としては、三戸城の台地が防御性に優れた独立段丘という地形であったことや、馬淵川と熊原川との合流点という河川交通の要に位置していること、また、権威に見合った曲輪《くるわ》の規模を持った山城であることなど、領国経営における地勢的利点が、戦国期の領主の居城として適していたとする見方もある。

移城を行ったのは、三戸南部氏24代晴政の時代とされている。三戸城は、それまでの拠点であった聖寿寺館からは、南に約4キロの位置にある。

三戸南部氏当主が本拠とした三戸城の航空写真

（三戸町教育委員会提供）

移城したとされる天文期、三戸南部氏の支配領域は糠部郡《ぬかのぶ》（青森県東部、岩手県北）から津軽地方にまで及んでいた。また、この頃は全国の領主間で戦乱の激しさがいよいよ増しており、その足音は糠部地方にも響いていた。晴政は比内地方（秋田県大館市）へも勢力を伸ばし、さらには高水寺城《こうすいじ》（岩手県紫波町《しわ》）を拠点とする名門斯波氏《しば》との抗争を続け、元亀３（１５７２）年の合戦で斯波氏に勝利すると見前《みるまえ》（同盛岡市）の割譲を受け、岩手郡南まで領域が拡大するなど、当代で最大の版図を描いた。晴一族の雄である晴政の登場と新たな戦国の拠点・三戸城の誕生により、北奥羽の歴史は大きく動き始めることになったのである。

三戸町教育委員会では城跡の歴史究明のための発掘調査を実施しているが、城跡内で現在見られる石垣や土塁といった遺構の多くは江戸時代に入った17世紀前半ごろのもので、盛岡に居城を移した27代利直の時代に築かれたものと推定される。

戦国期三戸城については、現時点では当該期のものと断定できる遺構が見つかっておらず、その構造はいまだ謎が多い。

不明な築城時期

聖寿寺館焼失に関する史料には、三戸城への移城の詳細は述べられていない。そのため、焼失と三戸城の築城開始期の因果関係を示す直接的な証拠とは言い切れず、一定期間、別の館を利用した可能性もある。発掘調査でも焼失のあった天文期の遺構は見つかっていない。一方、15世紀の国産陶器が出土しており、聖寿寺館が機能していた時期には何らかの形で土地利用は始まっていたとみられる。

三戸氏の本城・三戸城Ⅱ

野田尚志

搦手の遺構に中世の特徴

戦国の始期から終焉《しゅうえん》、そして近世に至る過程で、城は地域支配の拠点と領主権威の象徴としての役目を担い、時代に合わせて目まぐるしくその姿を変えていったが、三戸城（青森県三戸町）は北奥羽地方における城館変遷を探る要素を残した数少ない存在といわれる。

室町時代における守護大名や国人《こくじん》領主の居館は、地域経済の基盤となる交通の要所に位置していたが、長引く戦乱によって、15世紀後半以降の領主居館は防御に適した険しい山間部に移動していく。

室町時代を通じて南部氏関連城館跡は、河川によって浸食された河岸段丘の段丘面や沢によって隔絶された舌状台地などの地形がよく利用された。これは国内にある多くの城館跡に共通することだが、南部氏の場合は丘陵の平坦《へいたん》部に一条の堀を設けて区画された広い曲輪《くるわ》（平らな空間）を持つのが大きな特徴である。曲輪は居住域に相当し、城館跡によってはその数が単数と複数に分かれる。

複数の曲輪で構成される城館には、段状に連なる「連郭式《れんかくしき》」と呼ばれるものがあるが、南部氏関連城館跡の多くは、曲輪が堀切によってそれぞれ独立して高低差も小さく、曲輪相互の上下関係が明瞭ではない。

城館や曲輪の規模は、城館の主の力や権威に比例する。中世糠部郡《ぬかのぶぐん》（青森県東部、岩手県北）を代表する七戸城（青森県七戸町）、根城（同八戸市）、聖寿寺館《しょうじゅじたて》（同南部町）、九戸城（岩手県二戸市）といった主要な城館跡のうち、最も広い曲輪を有するのは聖寿寺館だが、複数の曲輪から成る城館でいえば、九戸城が群を抜いて大きい。九戸城は九戸一揆鎮圧後に改修され福岡城となるが、縄張り範囲は九戸城時代から続くものと推定されている。

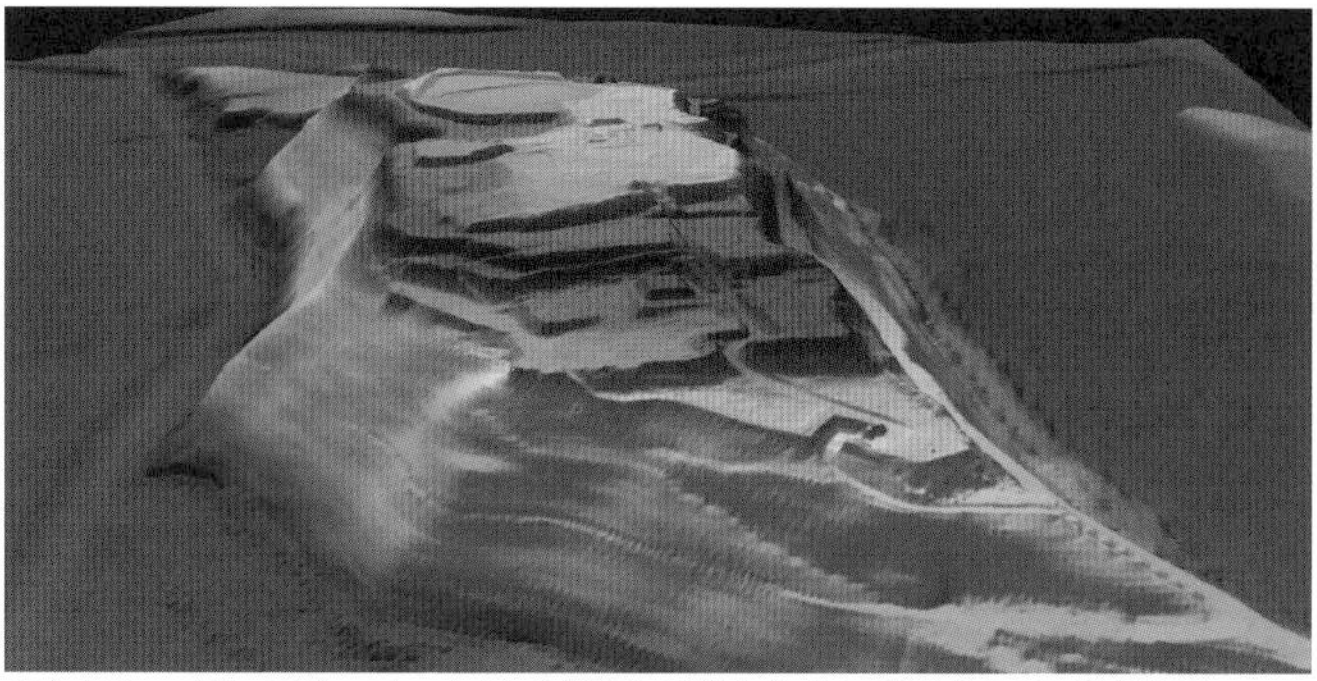

3次元レーザースキャナーによる測量で描かれた三戸城の3D地形図
（三戸町教育委員会提供）

　一方で、聖寿寺館の後、三戸氏の新たな拠点となった三戸城は、他の城館跡のように台地の連なりを堀によって切り離して城域を区画するのではなく、丘陵の全てを城域として利用しているのが大きな違いだ。加えて城域の全長が約1・7キロに及ぶなど、中世糠部史上最も大きい城であった。三戸氏は宗家《そうけ》の格式だけではなく、九戸氏をはじめとする周辺の有力領主に対抗する意味でも三戸城を必要としたのだろう。

　三戸町教育委員会は平成28（2016）年、三戸城跡の位置や高さを立体的に把握できる3次元レーザースキャナーで地上から測量を実施。仕上がった3D地形図と近世初頭の様子を描いた絵図とを比較すると、二つの地形データは一致することが判明した。

　これによると、城跡の大手（正面）に当たる西側一帯を構成する曲輪や土塁、通路、堀などの遺構は直線的で、近世の特徴を表している。これに対し、城跡の搦手《からめて》（裏手）に当たる東側一帯の遺構は曲線的で、自然地形に沿って構築されていて、中世の特徴が残る。戦国期から近世にかけて丘陵全体の使われ方が大きく変わった可能性がある。

　天正18（1590）年、豊臣秀吉は「奥州仕置《しおき》」の際、三戸南部26代信直に朱印状を発し、南部内七郡《なんぶのうち》を安堵《あんど》した。この朱印状の4条目に「家中《かちゅう》の者共、相抱える諸城、悉く《ことごと》破却せしめ、即ち《すなわ》妻子は三戸へ引き寄せ召し置く可き《べ》事」とあり、家臣の持城の破却と妻子の在府《ざいふ》（人質として三戸に住まわせること）が命じられている。この史料から、戦国末期において奥州南部領の中心が三戸であったことは間違いない。

　翌19（1591）年、信直は福岡城に居城を移した。戦国の動乱から天下統一までの間、南部氏の拠点だった三戸城は、ここにいったん、その役目を終えることとなる。

城下にいた漆職人

　三戸城跡の北部、川守田字沖中地区の沖中遺跡の発掘調査で検出された15～16世紀の竪穴建物遺構の床面から、炭化したヤマウルシの種実が出土しており、その後の分析でろうそく液の搾り出しが行われていたことが判明している。この地域は漆業に携わる職人集団が住んでいたことになり、中世における三戸城下の一端が垣間見える。

三戸氏の本城・三戸城 Ⅲ

野田尚志

2回実施された石垣工事

天正19（1591）年の九戸一揆終結後、三戸南部氏当主信直は居城を三戸城（青森県三戸町）から福岡城（岩手県二戸市）へ移し、破却されずに残った三戸城には城代《じょうだい》が置かれた。従来は、後に築かれた盛岡城（同盛岡市）が南部家の正式な居城となったことで、三戸城は一時的に仮居城として利用されたこともあったが、近世を通じて、歴代藩主が立ち寄る程度の支城になったという見方がなされてきた。しかし、三戸町教育委員会が実施してきた調査および研究の進展により、三戸城の歴史変遷に対する見方は大きく変わりつつある。

歴史の見直しの鍵は石垣にあった。三戸城跡の石垣は大手（正面）第一の門である綱門跡と本丸手前の大門跡、また本丸腰曲輪《こしぐるわ》の谷丸跡と、搦手《からめて》（裏手）口に相当する鍛冶屋門跡の合計4カ所に残る。構築された時期については諸説あるが、これまでは、城内全ての石垣はあまり間を開けずにほぼ同時期に築かれたとの見方が大半であった。しかし、近年の調査によって、大手側の石垣は新しい工法で築かれ、逆に、搦手側が古い工法によって築かれていることが判明したのだ（谷丸跡は不明）。

これは、三戸城内の石垣工事は大きく2回に分けて実施されたことを示している。2回のうち、大手側の新しい工法の石垣は史料で裏付けられており、信直の子利直が仮居城として築直しを行った元和期（1615～24年）と推定されている。一方で、搦手側

三戸城搦手は本来大手だったとの見方もある。鍛冶屋門跡には、古い工法が用いられた石垣が残る
＝三戸町梅内（三戸町教育委員会提供）

にある古い工法の石垣については現在、二つの仮説がある。

一つ目は九戸一揆鎮圧のため豊臣政権が派遣した仕置《しおき》軍により、福岡城と共に築かれたというもの。二つ目は、文禄元（1592）年、豊臣秀吉の朝鮮出兵に伴い、信直も諸大名と共に肥前名護屋（佐賀県唐津市）へ参陣したが、これにより中央の築城の知識や技術者を領内に持ち込んで築いたというものである。

いずれの仮説も決定的な証拠はないが、新旧二つの石垣の存在から、三戸氏当主が離れた三戸城も単なる支城という位置付けではなく、本格的な要害拠点の役割を担うため再整備がなされたことを意味している。

石垣を築くには、土地の掘削や盛り土といった整地の他、重さ数トンを計る大きな石や排水用のグリ石を運搬して積み上げるなど大規模な土木工程が踏まれることから、あらかじめ城郭の設計図を描いた上で、石垣工事に係る十分な資金と人工《にんく》を確保するなど、綿密な計画を立てなくてはならない。

このように、石垣構築には多くの労力と経費を必要とするため、石垣普請には必ず動機となる何らかの歴史的背景が潜んでいる。では、その背景とは何だったのか。

これは、奥州再仕置後も南部領の内外には依然として軍事的緊張状態が内包していたことによるものと考える。事実、慶長5（1600）年には旧和賀郡主和賀忠親を首領とする一揆が勃発、稗貫《ひえぬき》郡の花巻城（岩手県花巻市）や和賀郡の岩崎城（同北上市）で翌年まで合戦が続いた。

このことからも、三戸氏は領内支配の総仕上げをするため、要害地を再整備する必要に迫られたのではないか。三戸城の古い石垣は、その一貫として改修された際に築かれたとみることもできる。

慶長20（1615）年の豊臣氏滅亡とともに国内の戦乱は一応収束し、南部領においても、寛永10（1633）年の盛岡城完成に伴って、戦国以来続いてきた城館は役目を終え、三戸城も古城として静かに歴史を見守ることとなる。

石垣の石材は

三戸城跡に残る石垣は、古い順から①野面《のづら》積み②割込接ぎ③切込接ぎ—の三つに分類される。石材の9割以上は輝石安山岩で、大手側の角石は花崗岩が使用されている。石材の産出地については、輝石安山岩は東へ約1.5㌔の名久井岳、花崗岩については南へ約15㌔の一戸・茂谷山と推定される。どちらも馬淵川に接しており、運搬には河川を利用したと考えられている。

根城の考古学 I

船場昌子

築城前から河川交通の要衝

青森県八戸市にある根城は、太平洋に注ぐ馬淵川に面した段丘先端に築かれた中世城館である。建武元（1334）年に南部師行《もろゆき》によって築かれたとされ、寛永4（1627）年に根城南部氏が遠野（岩手県遠野市）へ領地替えとなるまでの約300年間、城として機能していた。

根城が築かれる以前から、この地は馬淵川に面した河川交通の要衝であった。現在、八戸市博物館が立つ「東構」地区には、飛鳥時代の集落が形成され、北海道産の黒曜石や、東北南部、関東地方で多く見られる円筒形土製品が出土し、他地域との交流が推定されている。奈良時代、平安時代にも集落が営まれ、現在の「本丸」「岡前館」にも広がっている。

城主が居住していた「本丸」北西に、城館期を通じてほとんど建物が建てられなかった一角がある。現在は「祭壇跡」として方形に整備されているこの遺構が、近年の研究によって奥州藤原氏時代（12世紀）の「経塚」の可能性が指摘された。

経塚は、末法思想に基づき経典を保存するために地中に埋めたものに始まる。奥州藤原氏によって造営された経塚は、寺院や聖地・霊場に限らず交通の要衝に造営され、外容器である陶器の甕《かめ》に直接経典を納める事例が多い。近年、青森県平内町や北海道厚真町でも平泉期の経塚が検出され、北海道交易の交通路に関わる造営と理解されている。

根城では、周溝を持つ方形の塚周辺で12世紀後葉の常滑焼広口壺の破片が出土した。壺は全体の形状が復元でき、口の部分が打ち欠かれている。塚は、根城の城館期を通して他の遺構で壊されることなく守られていたが、廃城後に塚の上に根城八幡宮が遷座された際、整地のために削られ、埋められていた壺が破片となって散乱した。同時期の遺物は少なく、根城に経塚以外の集落や館があったとは考え難い。

奥州藤原氏時代の経塚の可能性が指摘された「祭壇跡」。周辺で常滑焼広口壺（右上）の破片が出土した
＝八戸市根城（八戸市博物館提供）

奥州藤原氏時代、北海道へ至る交通網として、現在の東北縦貫自動車道に沿って鹿角、比内から津軽平野を通り外ケ浜（青森平野）へ至るルート（奥大道）が知られ、室町～戦国期の北畠氏の居城・浪岡城跡（青森県青森市）がルート上に位置する。浪岡城跡内館は、平泉と共通する出土遺物（手づくねかわらけ、白磁四耳壺、常滑甕）の様相から、12世紀前葉～13世紀前葉にも館があったと推定されている。

この奥大道から分岐し、現在の国道4号に沿って五戸、七戸から外ケ浜へ至る道が推定されており、これが分岐して八戸へ至ったと考えられている。また、東日本大震災の復興関連工事によって三陸沿岸で平泉期の遺跡が多く発見されたことにより、多賀城から気仙、閉伊と三陸沿岸を北上し、八戸に至る海上交通路の存在も見えてきた。これらのルートから、八戸は三陸沿岸からと内陸からのルートが交わる交通の要衝であったといえよう。浅水川に面した大仏遺跡（八戸市尻内町）、新井田川に面した館平遺跡（同新井田）でも12世紀の常滑焼の破片が見つかっており、河川交通との関係をうかがわせる立地である。

得宗（鎌倉北条氏の惣領《そうりょう》）領だった13世紀代の遺物も見つかっており、根城築城以前に地頭代工藤氏の館があったと考えられている。

なぜ南部氏によってこの地に根城が築かれたのか。東西を沢に挟まれ、川に面して張り出したその地形はもちろん、古くからの交通の要衝を押さえ、旧来の勢力が支配していた物流を支配下に置く意図がうかがえる。

七戸にも経塚？

根城南部氏５代政長が孫政光に譲った七戸郷は、現在の青森県七戸町に当たる。同町では左組(1)遺跡で常滑三筋壺、左組(3)遺跡で常滑広口壺が出土し、12世紀後半の経塚か墳墓と考えられている。三陸沿岸を北上するルートの先を、八戸から小川原湖を通って七戸へと推定する研究者もいる。七戸もまた交通の要衝であった。

南部氏独自のL字建物

根城の考古学Ⅱ

船場昌子

根城（青森県八戸市）は、東西を沢に挟まれた丘陵の先端を堀で区画し、本丸、中館、東善寺館、岡前館、沢里館など八つの曲輪《くるわ》から成る。本丸に根城南部氏が居住し、周囲には「四天之御一家」と呼ばれる重臣中館氏、岡前氏、沢里氏の屋敷跡や、根城南部氏の祈願寺東善寺があったとされる。この曲輪構造は根城の最終段階のものである。

城の大手（正面）口は東側、現在の八戸市博物館南の国道付近と推定される。城の外縁は「三番堀」と呼ばれる幅約20メートル、深さ約4メートルの二重の堀が巡る。各曲輪を区画する堀は断面がV字形の薬研堀《やげんぼり》で、堀底道から各曲輪へ出入りする。唯一、本丸への出入り口だけが、いったん中館側へ上がり、堀に架かる木橋を渡って入る構造を取る。あえて反対側の曲輪の一段低い平場へ回り込ませることで本丸、中館の双方から来訪者を視認し、攻撃も可能となる。有事の際は木橋を落として通行を妨げることができ、防御性も意識した構造と考えられる。

本丸では、12年にわたる発掘調査により2万個以上の柱穴や竪穴建物跡、井戸などが確認された。城館の曲輪全体の建物配置が発掘調査で明らかにされた事例は、全国的にも少ない。

発掘調査の後、おびただしい柱穴が記録された図面を基に、柱筋や柱の間尺、柱穴の新旧関係、建物の軸方向などを踏まえて建物群や木橋を復原し、建築史の専門家による

根城全景。発掘成果に基づき主殿などが復原されている
＝八戸市根城（八戸市博物館提供）

検証を経て、20期にわたる変遷図が作成された。

5～17期を根城南部氏の時代としているが、最も規模の大きい建物がある中央、馬屋や塀が造られる北側が「表」の空間、当主の居住域や倉、工房、納屋などが造られる南側が「奥」の空間と捉えられ、大まかな建物の配置や性格は年代が下ってもほとんど変わらない。

昭和60（１９８５）年からの史跡整備では、発掘成果がふんだんに盛り込まれたが、現在本丸に復原されているのは、16期（16世紀末、根城南部氏18代政栄《まさよし》～19代直栄《なおよし》段階）の建物群である。

木橋を渡ると二股に分かれた通路が構築され、左手は石敷き、右手は土の通路でそれぞれの門へと続く。右手の門の先に馬屋跡があり、来客は橋を渡って下馬して馬は右手、客は左手の道から本丸内へ入ったと解釈される。

本丸全体は木柵が巡り、中央には掘立柱《ほったてばしら》建物、曲輪の縁辺には竪穴建物群が検出された。中心となる掘立柱建物跡は、15世紀後葉から平面がL字形を呈するようになる。

同様の建物は現存建物や絵巻物に残る建物にも認められず、最終段階の「主殿」は復原時、L字形の1棟か、複数の建物が廊下でつながる分棟か議論となった。25年以上を経て、他の南部氏城館で同様の建物が検出された現在では、L字建物は南部氏独自の建築文化として理解されるようになっている。

出土遺物は、高級陶磁器に限らず日常雑器や生活・生産用具、仏像や仏具などの信仰用具など多種多様で、文献には残らない、約３００年間にわたる城館内の日常を生々しく伝える。出土したガラス玉からはアイヌ文化との関わりもうかがえる。こうした出土遺物を基に、建物跡は鍛冶工房、工房、納屋などの性格付けがなされ、展示物の陶磁器や武器・武具も製作された。

いくつもの戦乱の時代をくぐり抜けた根城に大きな転機が訪れたのは、天正18（１５９０）年、豊臣秀吉による諸城破却の命令を受けてのことであった。

根城城下を考える

城館期の遺構は、三番堀の外側にも広がっていることが発掘調査で判明している。現在、八戸市博物館が立つ「東構」もその一つであり、小規模な屋敷割りが確認され、鍛冶関連の遺物が多数出土した。また、岡前館南側は複数の寺院があったと伝えられており、城館期の遺構・遺物が検出された。城内にとどまらず、周辺の城下も含めた根城研究が新たな課題となっている。

城破却、防御性喪失に主眼

根城の考古学Ⅲ

船場昌子

豊臣秀吉による諸城破却の命令を受けた南部信直の対応をまとめた天正20（1592）年6月11日付「南部大膳大夫《だいぜんのだいぶ》分国之内諸城破却共書上」には、南部領内にある48城のうち33城を破却したことが記されている。根城（青森県八戸市）は「八戸」「平城」「破却」と記された。

破却後の根城南部氏については、寛永4（1627）年に遠野（岩手県遠野市）へ領地替えになるまで引き続き根城に居住したとする小井田幸哉氏の研究がある。別の場所へ居を移していたとする見解もあったが、昭和53（1978）年に始まった根城の発掘によって、破却前後の様相が明らかになった。

現在、復原整備されているのは16期（16世紀末）の建物群だが、その後の17期は本丸の様相が大きく異なる。木橋を渡り、二股に分かれた出入り口から門を経て本丸内に入ると、大型建物「主殿」を中心に掘立柱《ほったてばしら》建物、竪穴建物が曲輪《くるわ》全体に広がり、曲輪の外縁は土塁上に柵列が巡る、という16期の姿から、17期では、本丸東側の二股の出入り口と堀が埋め戻され、門や柵はなくなり、建物数が減るとともに建物の配置も変化した。出入り口、通路、堀の埋め戻しは一気に行われ、通路部分では約2・5㍍に及ぶ盛土が確認された。出土遺物の時期は16世紀末であり、諸城破却書上に残る破却と符合する。

本丸と中館の間の堀の他、中館と無名の館Ⅱの間の堀、大手があったとされる三番堀の東端でも同様の埋め戻しが確認された。これらの成果から、南部領内における城破却が、居住機能まで喪失させるのではなく、城の出入り口や堀、土塁、柵などを破壊することで防御性を失わせることに主眼を置いたものであったと推定された。

本丸と中館の間の堀は薬研堀《やげんぼり》で、本丸と堀底の比高差は最大9メートルにも及ぶが、3メートル以上の深さにわたって念入りに埋め戻されている。三番堀は二重堀であったが、中央の土塁状の高まりを削って平らにし、竪穴建物や鍛冶遺構が営まれている。

破却後の本丸内には工房などの竪穴建物が造られておらず、本丸内に集められていた機能が城の他の場所へと移されたことを物語っている。三番堀の埋め戻し土から出土した陶磁器片には、本丸内出土遺物との接合が認められ、破却に際し城内で大規模な土の移動を伴っていることも分かってきた。

一方、岡前館では破却に伴う堀の埋め戻しが確認されておらず、未調査地区を含む各曲輪の

埋め戻された根城本丸通路の状況。2メートル近い厚さの土で広範囲に一気に埋め戻されている＝八戸市根城（八戸市博物館提供）

性格や出入り口の位置などを踏まえ、引き続き検討を進めていく必要がある。

根城の調査成果は、南部氏の城破却の実態が発掘調査で確認できた貴重な成果となった。また、破却後の新たな建物群の様相が判明したことも重要である。破却後の17期の根城の建物に、礎石建物ではなく掘立柱建物が引き続き用いられるとともに、石垣技術の導入も最後まで行われない点は、奥州再仕置《しおき》後に三戸南部氏の居城が織豊系城郭へと変貌していくのと対照的である。

根城南部氏の城で礎石建物が確認できるのは、領地替え後、遠野鍋倉城本丸に建てられた御殿へ至ってのことである。

根城跡の曲輪配置と埋め戻された堀

▌藩政期の根城

根城南部氏の記録『三翁昔語《さんおうせきご》』には、根城を描いた1枚の絵図が残り、本丸内に遷座された根城八幡宮の建物が描かれている。発掘調査では絵図と対応する建物や道の跡が確認された。根城八幡宮が遷座された場所こそ、奥州藤原氏時代（12世紀）に築かれ、城館期を見守り続けた経塚の上であった。

おわりに

熊谷隆次

北奥に「平和」秩序構築

本書は、江戸時代の編さん物（系図・歴史書）による記述を極力控え、一次史料（同時代史料）に基づく戦国期「奥州南部氏」像の構築に努めてきた。現存史料が少ないために、江戸時代の編さん物で歴史を描く、あるいは江戸時代の編さん物により一次史料を解釈する、これが従来の記述・研究手法であり、その克服を目指したからである。

このため、筆者と滝尻侑貴氏は、近年の研究成果を最大限に吸収しながら、数少ない古文書を徹底的に読解し直すとともに、南部地域の寺院・神社に現存する棟札も貴重な資料として評価し、その銘文の解釈も行った。また、文字史料による研究（歴史学）だけでなく、南部領の主要城館である聖寿寺館《しょうじゅじたて》、九戸城、三戸城、根城の発掘研究（考古学）の成果との融合により豊かな「奥州南部氏」像を描くため、布施和洋氏、柴田知二氏、野田尚志氏、船場昌子氏が、近年に至るまでの成果を記述した。

なお、本書が一貫して解明に取り組んできたのは、他の権力の干渉を受けず、独自に領土と領民を支配する領域権力の形成過程である。近年の戦国期研究は、自立して所領と家臣団（家中《かちゅう》）を保持する領域権力を「地域的領主」（国衆《くにしゅう》、戦国領主とも）と概念化し、その自立性を認めたまま彼らを服属させた上位の領主権力を「戦国大名」とする学説がほぼ定着している。こうした近年の戦国史の研究潮流を踏まえたものである。

一方、戦国期南部氏を「北奥」という狭い世界で完結させず、中央政権（室町幕府、

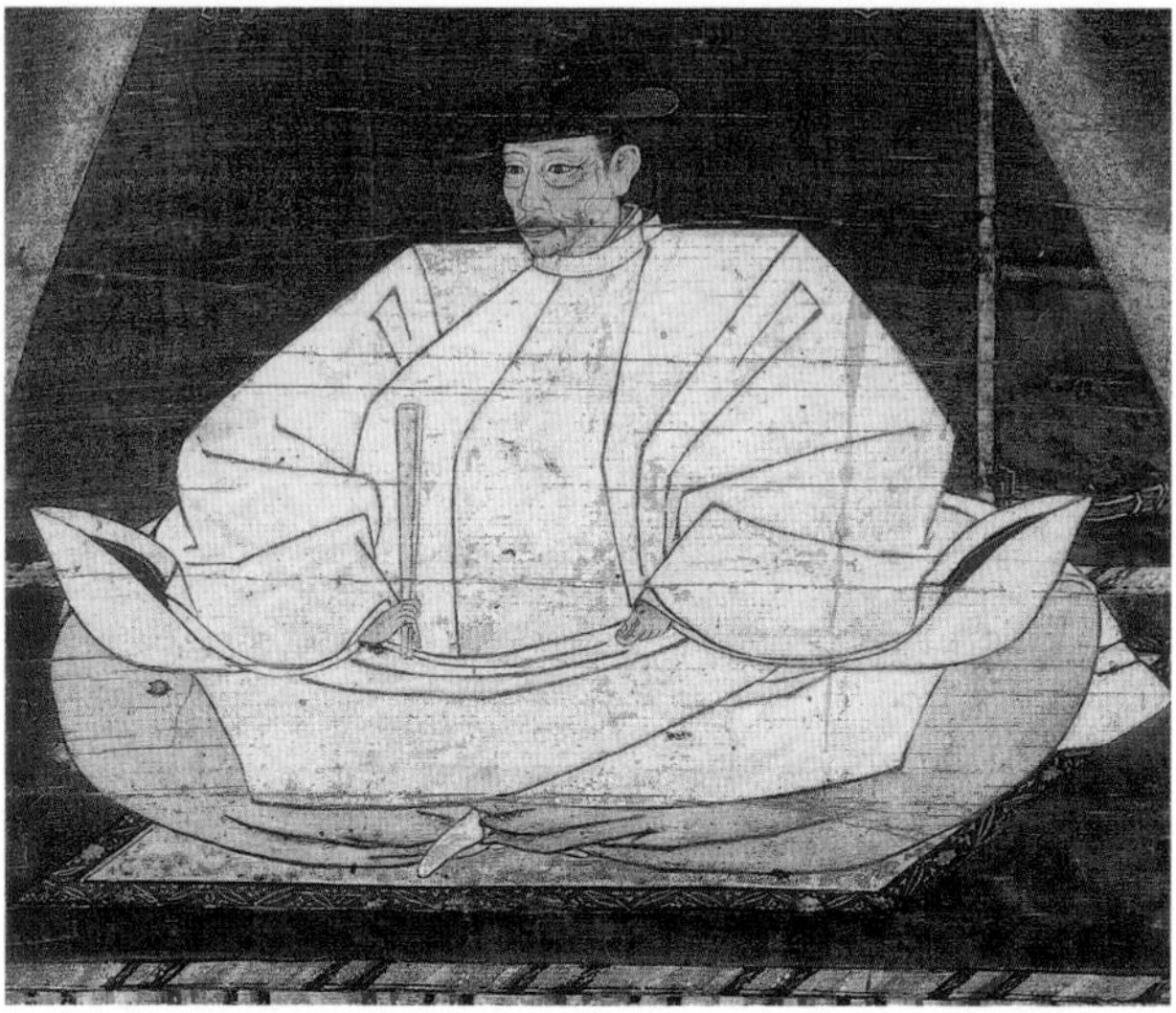

豊臣秀吉肖像画（17世紀初め。佐賀県立名護屋城博物館所蔵）。豊臣政権による九戸一揆鎮圧は、北奥羽地方だけでなく日本全体の戦国時代を名実共に終結させる重要な画期となった

織田政権、豊臣政権）と関連させながら記述した。特に、室町幕府将軍である足利義稙《よしたね》・足利義晴・足利義輝を中心とした、近年の室町幕府研究の成果の吸収に努めた。

戦国期、「南部」を名字とし、糠部《ぬかのぶ》郡（青森県東部、岩手県北）を連合して支配する一族は「一家《いっか》」と呼称されていた。構成員は、糠部郡内の「戸《へ》」を所領とする領主で、「『戸』の領主」という学術用語が定着しつつあり、地域的領主としての解明も進められている。

後に盛岡藩を築く三戸南部氏も地域的領主であったが、南部安信・晴政の時期（16世紀中ごろ）、他の「戸」の領主を、自立性を認めたまま服属させていた。この安信・晴政以後の三戸南部氏を、「戦国大名」と呼ぶことは可能であろう。

▽「一家」体制の解体

天正19（1591）年の九戸一揆（九戸政実《まささね》の挙兵）鎮圧により、三戸氏当主南部信直と対立する九戸政実、四戸櫛引清長、七戸家国が滅び、一家は事実上解体した。

事実上というのは、一家のうち残された「戸」の領主が、惣領《そうりょう》家の三戸氏以外は根城主八戸氏だけであり、集団としての実質が失われたからである。一家は、戦国期糠部の集団安全保障体制ともいえ、政治的秩序そのものであった。その解体は「南部の戦国」の終焉《しゅうえん》を意味した。

南部氏にとって「近世」は、統一政権である豊臣政権への服属から始まった。ただし、この服属を強制とみるのは一面的である。天正9（1581）年の南部信直の家督就任は、三戸氏の家中、「戸」の領主、いずれからも同意を得たものではなかった。クーデターにより擁立された権力であり、支配の正統性の根拠を求めて、自ら豊臣政権に接近し服属した。

▽**私戦の禁止**

九戸一揆鎮圧の翌文禄元（1592）年から2（1593）年にかけて、南部信直は、朝鮮出兵のため肥前名護屋（佐賀県唐津市）に在陣した。文禄元年、この名護屋でしたためた書状（『宝翰類聚《ほうかんるいじゅう》』）で信直は、戦国期の出羽国安東氏（愛季《ちかすえ》・実季《さねすえ》父子）との対立・紛争を、「先代（南部晴政）の遺恨によるもので、とにかく迷惑なことだ、と親もいつも言っていた」と記している。

永禄末期（16世紀中ごろ）、南部、安東両軍は「鹿角郡合戦」で激戦を繰り広げた過去がある。「親」とは、信直の実父南部（田子）高信のことで、高信・信直父子はこの合戦に大将として出陣していた。その当事者2人が戦国末期の当時、戦争を「迷惑」と考えていたのである。

信直は名護屋在陣中、豊臣政権（「天下」）の支配下にある「日本」においては、「けんくわ（喧嘩）」（私戦）は全面的に禁止されている、と述べていた（「南部光徹《こうてつ》氏所蔵文書」）。名護屋において南部、安東両氏は、「関東衆」（主に東国の大名）を統率する徳川家康の仲介で「徹書《てつしょ》」（誓詞）を交わし、信直の次女季子と安東実季の弟英季《ふさすえ》の縁談を決め、長きにわたった戦争状態に終止符を打った。

また、九戸一揆直後、奥羽支配の要である蒲生氏郷《がもううじさと》（会津若松城主）とも徹書を交わしており、名護屋在陣中、嫡子《ちゃくし》利直と氏郷の娘（後の源秀院）との縁談も進めていた。中世以来、領主間の婚姻は、紛争停止や同盟締結の際の重要な儀礼・慣行であった。北奥の地に、豊臣の「平和」秩序が構築されていった。

なお、津軽為信も信直と懇意になりたいと願い、家康に「噯《あつかい》」（仲裁、調停）を依頼した。しかし、信直を庇護《ひご》する前田利家が家康に対し、為信は「表裏仁《ひょうりのじん》」（裏表のある人間）だと忠告したこともあり、南部・津軽間の対立が解消されることはなかった。

▽八戸氏の自立性

信直が近世大名化を図る中、従来これを阻む存在として位置付けられてきたのが、根城城主八戸氏である。確かに、信直は当主八戸直栄《なおよし》に対し、九戸政実の「親類」らは旧体制（「むかし」）に固執したために、「主《しゅ》」の九戸政実を滅亡に追いやったと忠告。「親類」として三戸氏へ「奉公」するよう、直栄に繰り返し指示している（「南部光徹氏所蔵文書」）。

しかし、「親類」は「家中」に含まれず、「奉公」は勉励の意である。信直は直栄に、「古本」（古い由緒または古文書）があるからと油断せず、「家督」の維持に専心するよう伝えているが（「南部光徹氏所蔵文書」）、これは八戸氏が「古本」を持つ「家」であることが前提されている。信直は、自立した八戸氏の「家」を認め、その力量を自己の権力維持に用いていたのである。

八戸氏の自立性の削減、南部氏の本格的な近世大名化は、信直の嫡子利直以後、八戸直栄の娘清心尼《せいしんに》（ねね）以後の時代を待たねばならなかった。利直は寛永4（1627）年、八戸直義と前当主の清心尼を八戸から遠野（岩手県遠野市）へ領地替えして、中世以来の本領から切り離した。利直の跡を継いだ重直は、正保2（1645）年、直義を江戸幕府に対する人質（証人）として江戸へ送り、また寛文2（1662）年に盛岡藩の家老に就任させ（『三翁昔語《さんおうせきご》』）、完全に盛岡南部家（戦国期の三戸氏）の家中に組み込んだ。

ただし、近世八戸氏は、盛岡藩の筆頭家老としての地位を築き、江戸前期、17世紀中ごろ以降の家老合議制の下で、その実力を発揮しながら「家」を維持することになった。

〈中世南部氏関連年表〉

鎌倉時代	文治5	1189	▼南部氏の祖・南部光行が奥州合戦に出陣
	建久2	1191	▼伝説ではこの年に光行が糠部へ入部
建武の新政	正慶2／元弘3	1333	▼鎌倉幕府滅亡。後醍醐天皇が新政権樹立
			▼南部師行、陸奥国に入部。子孫は八戸を拠点とする（根城南部氏、八戸氏）
室町時代（元中9、明徳3年＝1392年まで南北朝時代）	暦応元／延元3	1338	▼師行、北畠顕家と共に和泉国石津で北朝方と戦い戦死
			▼足利尊氏が征夷大将軍に就任
	貞和2／正平元	1346	▼師行の弟政長、北朝方に帰降
	5／4	1349	▼陸奥国糠部、雫石で南朝方が再び蜂起
	永享4	1432	▼南部氏、津軽で下国安東（安藤）氏を破り、蝦夷ケ島へ敗走させる
	10	1438	▼室町幕府、鎌倉公方足利持氏討伐を命じる（永享の乱）
	嘉吉2	1442	▼三戸南部義政が安東氏の拠点・十三湊を陥落させるという
	享徳3	1454	▼鎌倉公方と関東管領上杉氏が対立、享徳の乱が始まる
	康正3	1457	▼根城南部政経、下北半島の安東氏勢力を討ち田名部を平定するという
	応仁元	1467	▼応仁の乱が始まる
	明応2	1493	▼細川政元、将軍足利義材（義稙）を廃する
	文亀元	1501	▼南部政康、三戸南部氏の家督に就任するという
	永正4	1507	▼政康死去、安信が家督を継承するという
	天文2	1533	▼石川高信、津軽石川城に入り、津軽郡代に就任するという

戦国時代

	8	1539	▼根城南部氏の家督相続を巡り一族田中宗祐が反乱
			▼三戸南部氏の居城・聖寿寺館が炎上するという（後に居城を三戸城へ移す）
			▼三戸南部彦三郎が将軍足利義晴から一字拝領、晴政を名乗る
	永禄9	1566	▼安東愛季が鹿角に侵攻、南部氏と激突するという
	元亀2	1571	▼津軽側の編さん物によると、大浦（津軽）為信が挙兵し、石川高信を殺害するという
			▼八戸政栄、四戸櫛引氏と争うという
	3	1572	▼晴政と斯波御所・斯波氏との間で紛争が起きるという
安土桃山時代	天正元	1573	▼三戸南部晴政と九戸政実が対立し、八戸政栄が仲裁するという
	6	1578	▼浪岡御所・北畠氏が滅ぶという
	9	1581	▼一戸政連、弟に襲撃され死亡し、一戸氏惣領家が滅ぶという
			▼石川高信の子信直が三戸南部氏の家督を継ぐ
	10	1582	▼織田信長、本能寺の変で自害
	13	1585	▼羽柴（豊臣）秀吉、関白に就任
	14	1586	▼南部信直、秀吉に鷹を献上
			▼秀吉、前田利家が信直に朱印状、書状を送る
	16	1588	▼信直、斯波氏を滅ぼし、志波郡を掌握
			▼信直、八戸直栄の元服に当たり「直」の1字を与える
			▼この頃、信直の長女千代子が八戸政栄の嫡男直栄に嫁ぐ
	17	1589	▼南部氏、安東氏領の比内へ侵攻

18	1590	▼大浦為信挙兵。八戸政栄が津軽で大浦氏と戦うという
		▼為信、安東氏の協力で浪岡城を落とすという
		▼秀吉、関東の後北条氏討伐のため小田原に向かう
		▼信直、八戸直栄を伴って小田原へ向かい、秀吉に謁見
		▼秀吉、信直に南部内七郡を安堵。奥羽仕置
19	1591	▼九戸政実、七戸家国ら反豊臣の一揆を起こし、鎮圧される
		▼信直、居城を三戸城から福岡城（旧九戸城）へ移す
文禄元	1592	▼秀吉の朝鮮出兵。信直、肥前名護屋に出陣
2	1593	▼信直、名護屋から帰国
3	1594	▼信直の嫡子利直と会津・蒲生氏郷の養女、結婚する
4	1595	▼八戸直栄死去、弟直政が八戸氏の家督に就任
		▼津軽と南部の境界が定まるという
慶長元	1596	▼信直の娘と秋田（安東）英季が結婚
2	1597	▼信直、伏見に参勤する
		▼信直、盛岡城の築城を始めるという
慶長3	1598	▼秀吉死去
4	1599	▼信直死去。利直が家督を継ぐ
5	1600	▼会津・上杉氏が豊臣政権に反逆し、利直が上杉討伐に出陣
		▼関ケ原合戦。徳川家康が勝利する
6	1601	▼利直、和賀忠親の一揆（岩崎一揆）、釜石の一揆を鎮圧

江戸時代

8	1603	▼徳川家康が征夷大将軍に就任、江戸幕府を開く
15	1610	▼八戸政栄死去
16	1611	▼大地震が発生し、南部、津軽でも津波被害
19	1614	▼八戸直政、越後高田城普請からの帰国途中に死去
		▼直政の妻ねね（清心尼）、八戸氏の当主に就任
		▼大坂冬の陣で利直が幕府方として出陣する
		▼南部氏旧臣北十左衛門らが豊臣方として大坂城に籠城
元和元	1615	▼大坂夏の陣で豊臣家滅亡。利直、北十左衛門を処刑
		▼八戸直栄の妻千代子死去
3	1617	▼利直、清心尼から田名部を借り上げ
4	1618	▼利直、清心尼に八戸根城廻など1万2500石の支配権を認める
6	1620	▼八戸直義、八戸氏の当主に就任
7	1621	▼利直、八戸直義に八戸根城廻を安堵する
寛永4	1627	▼利直、八戸氏を遠野に移す
寛文4	1664	▼八戸藩が成立

主な参考文献

◇資料集（刊行されているもの）

鷲尾順敬『南部家文書』吉野朝史蹟調査会、1939年

『大日本古文書 家わけ第二 浅野家文書』東京大学出版会、1906年

『青森県叢書 第五編』青森県立図書館・青森県叢書刊行会、1953年

『南部叢書㈡』歴史図書社、1970年

『南部叢書㈢』歴史図書社、1970年

『南部藩 参考諸家系図 第一巻』国書刊行会、1984年

『南部藩 参考諸家系図 第二巻』国書刊行会、1985年

『南部藩 参考諸家系図 第三巻』国書刊行会、1985年

『岩手県中世文書 中巻』国書刊行会、1983年

『九戸の戦関係―文書集』二戸市教育委員会、1991年

『社寺の国宝・重文建造物等 棟札銘文集成―東北編―』国立歴史民俗博物館、1997年

藤井讓治編『織豊期主要人物居所集成』(第2版)思文閣出版、2016年

◇事典・自治体史

『角川日本地名大辞典2 青森県』角川書店、1985年

『青森県史 資料編 近世1 近世北奥の成立と北方世界』青森県、2001年

『青森県史 資料編 中世1 南部氏関係資料』青森県、2004年

『青森県史 資料編 中世2 安藤氏・津軽氏関係資料』青森県、2005年

『青森県史 資料編 中世3 北奥関係資料』青森県、2012年

『青森県史 資料編 中世4 金石文・編さん物・海外資料・補遺』青森県、2016年

『青森県史 通史編1 原始・古代・中世』青森県、2018年

『青森県史 通史編2 近世』青森県、2018年

『岩手県史 第3巻 中世篇下』岩手県、1961年

『岩手県史 第5巻 近世篇2』岩手県、1963年

『愛知県史 別編 窯業2』愛知県、2007年

『新編八戸市史 近世資料編Ⅰ』八戸市、2007年

『新編八戸市史 中世資料編 編年資料』八戸市、2014年

『新編八戸市史 通史編Ⅰ 原始・古代・中世』八戸市、2015年

『新青森市史 資料編2 古代・中世』青森市、2005年

『二戸市史 第一巻 先史・古代・中世』二戸市、2000年

『二戸市史 第二巻 近世・近代・現代』二戸市、2001年

『浄法寺町史 下巻』浄法寺町、1998年

『鹿角市史 第一巻』鹿角市、1982年

『能代市史 資料編 古代・中世一』能代市、1998年

『能代市史　資料編　中世二』能代市、１９９８年
『横手市史　史料編　古代・中世』横手市、２００６年

◇報告書

『奥州街道１　青森県「歴史の道」調査報告書』青森県立郷土館、１９８５年
『史跡根城跡発掘調査報告書１』八戸市教育委員会、１９７９年
『史跡根城跡発掘調査報告書２』八戸市教育委員会、１９８０年
『史跡根城跡発掘調査報告書３』八戸市教育委員会、１９８２年
『史跡根城跡発掘調査報告書４』八戸市教育委員会、１９８３年
『史跡根城跡発掘調査報告書５』八戸市教育委員会、１９８３年
『史跡根城跡発掘調査報告書６』八戸市教育委員会、１９８３年
『史跡根城跡発掘調査報告書７』八戸市教育委員会、１９８５年
『史跡根城跡発掘調査報告書８』八戸市教育委員会、１９８６年
『史跡根城跡発掘調査報告書９』八戸市教育委員会、１９８７年
『史跡根城跡発掘調査報告書10』八戸市教育委員会、１９８８年
『史跡根城跡発掘調査報告書11』八戸市教育委員会、１９８９年
『史跡根城跡発掘調査報告書12』八戸市教育委員会、１９９０年
『史跡根城跡発掘調査報告書13』八戸市教育委員会、１９９１年
『史跡根城跡発掘調査報告書14』八戸市教育委員会、２０１５年
『根城―本丸の発掘調査―』八戸市教育委員会、１９９３年
『根城―環境整備の発掘調査―』八戸市教育委員会、１９９６年
『根城―史跡根城の広場環境整備事業報告書―』八戸市教育委員会、１９９７年
『根城　主殿復原工事報告書』文化財建造物保存技術協会、１９９４年
『根城・再考　更新される根城像』八戸市博物館、２０１９年
『沖中遺跡、沖中（２）遺跡　三戸町埋蔵文化財調査報告書第１集』三戸町教育委員会、２０００年
『三戸城跡　三戸町埋蔵文化財調査報告書　第５集』三戸町教育委員会、２００５年
『三戸城跡　三戸町埋蔵文化財調査報告書　第６集』三戸町教育委員会、２００６年
『三戸城跡　三戸町埋蔵文化財調査報告書　第７集』三戸町教育委員会、２００７年
『三戸城跡　三戸町埋蔵文化財調査報告書　第８集』三戸町教育委員会、２００８年
『三戸城跡　三戸町埋蔵文化財調査報告書　第９集』三戸町教育委員会、２００９年
『三戸城跡　三戸町埋蔵文化財調査報告書　第10集』三戸町教育委員会、２０１０年
『三戸城跡・留ヶ崎遺跡　三戸町埋蔵文化財調査報告書　第11集』三戸町教育委員会、２０１１年
『三戸城跡　三戸町埋蔵文化財調査報告書　第13集』三戸町教育

委員会、２０１４年
『聖寿寺館跡発掘調査報告書８　南部町埋蔵文化財調査報告書第12集』南部町教育委員会、２００３年
『国史跡聖寿寺館跡　南部町埋蔵文化財調査報告書　第９集』南部町教育委員会、２０１６年
『国史跡聖寿寺館跡　南部町埋蔵文化財調査報告書　第10集』南部町教育委員会、２０１８年
『国史跡聖寿寺館跡　南部町埋蔵文化財調査報告書　第11集』南部町教育委員会、２０２０年
『浪岡城跡』浪岡町教育委員会、１９７８年
『浪岡城跡Ⅱ』浪岡町教育委員会、１９８０年
『浪岡城跡Ⅲ』浪岡町教育委員会、１９８１年
『浪岡城跡Ⅳ』浪岡町教育委員会、１９８２年
『浪岡城跡Ⅴ』浪岡町教育委員会、１９８３年
『浪岡城跡Ⅵ』浪岡町教育委員会、１９８４年
『浪岡城跡Ⅶ』浪岡町教育委員会、１９８５年
『浪岡城跡Ⅷ』浪岡町教育委員会、１９８６年
『浪岡城跡Ⅸ』浪岡町教育委員会、１９８８年
『浪岡城跡Ⅹ』浪岡町教育委員会、１９８９年
『国指定史跡九戸城跡保存管理計画』二戸市教育委員会、１９７９年
『橋場遺跡（九戸城跡）緊急発掘調査報告書』二戸市教育委員会、１９８３年
『史跡九戸城跡整備基本計画』二戸市教育委員会、１９９１年
『史跡九戸城跡　平成６年度文化財保存国庫補助事業・史跡九戸城跡環境整備事業報告書』二戸市教育委員会、１９９５年
『史跡九戸城跡　平成７年度文化財保存国庫補助事業・史跡九戸城跡環境整備事業報告書』二戸市教育委員会、１９９６年
『史跡九戸城跡発掘調査概報　平成８年度史跡九戸城跡環境整備事業』二戸市教育委員会、１９９７年
『史跡九戸城跡　平成９年度史跡九戸城跡環境整備事業発掘調査概報』二戸市教育委員会、１９９８年
『史跡九戸城跡　平成10年度史跡九戸城跡環境整備事業発掘調査概報』二戸市教育委員会、　１９９９年
『史跡九戸城跡　平成11年度史跡九戸城跡環境整備事業発掘調査概報』二戸市教育委員会、２０００年
『史跡九戸城跡　平成12年度史跡九戸城跡環境整備事業発掘調査概報』二戸市教育委員会、２００１年
『史跡九戸城跡　平成13年度史跡九戸城跡環境整備事業発掘調査概報』二戸市教育委員会、２００２年
『史跡九戸城跡　平成14年度史跡九戸城跡環境整備事業発掘調査概報』二戸市教育委員会、２００３年
『史跡九戸城跡　平成15年度史跡九戸城跡環境整備事業発掘調査概報』二戸市教育委員会、２００５年
『史跡九戸城跡　平成16年度史跡九戸城跡環境整備事業発掘調査概報』二戸市教育委員会、２００７年

『史跡九戸城跡　平成18・19・20・21年度史跡九戸城跡環境整備事業発掘調査概報』二戸市教育委員会、２０１０年
『史跡九戸城跡　平成22年度史跡九戸城跡環境整備事業発掘調査概報』二戸市教育委員会、２０１３年
『史跡九戸城跡　平成23・24年度史跡九戸城跡環境整備事業発掘調査概報』二戸市教育委員会、２０１４年
『史跡九戸城跡環境整備事業報告書』二戸市教育委員会、２００４年
『史跡九戸城跡発掘調査総括報告書』二戸市教育委員会、２０１７年
『史跡九戸城跡第2次整備基本計画』二戸市教育委員会、２０１８年

◇一般図書・論文・図録等

秋澤繁「織豊期長宗我部氏の一側面―土佐一条氏との関係（御所体制）をめぐって―」『土佐史談』２１５号、土佐史談会、２０００年
粟野俊之『織豊政権と東国大名』吉川弘文館、２００１年
飯村均・室野秀文編『東北の名城を歩く　北東北編　青森・岩手・秋田』吉川弘文館、２０１７年
家永遵嗣『室町幕府将軍権力の研究』東京大学日本史学研究室、１９９５年
池享『日本中世の歴史6　戦国大名と一揆』吉川弘文館、２００９年
石井進「中世と考古学」石井進監修『北の中世　史跡整備と歴史研究』日本エディタースクール出版部、１９９２年
市村高男「戦国期東国の城郭と城下町」石井進監修『北の中世　史跡整備と歴史研究』日本エディタースクール出版部、１９９２年
市村高男『戦国期東国の都市と権力』思文閣出版、１９９４年
市村高男「中世七戸から見た南部氏と糠部」七戸町教育委員会編『中世糠部の世界と南部氏』高志書院、２００３年
市村高男「戦国大名研究と列島戦国史」『武田氏研究』30号、武田氏研究会、２００４年
市村高男「戦国期の地域権力と『国家』・『日本国』」『日本史研究』５１９号、日本史研究会、２００５年
伊藤一美『武蔵武士団の一様態―安保氏の研究―』文献出版、１９８１年
伊藤喜良「国人の連合と角逐の時代」小林清治・大石直正編『中世奥羽の世界』東京大学出版会、１９７８年
伊藤喜良「室町の南部氏」大石直正監修『北辺の中世史―戸のまちの起源を探る―』名著出版、１９９７年
今岡典和・川岡勉・矢田俊文「戦国期研究の課題と展望」『日本史研究』２７８号、日本史研究会、１９８５年
入間田宣夫「糠部・閉伊・夷が島の海民集団と諸大名」入間田宣夫・小林真人・斉藤利男編『北の内海世界―北奥羽・蝦夷ヶ島と地域諸集団』山川出版社、１９９９年
入間田宣夫「日本史の中の南部氏」七戸町教育委員会編『中世糠部の世界と南部氏』高志書院、２００３年
入間田宣夫『北日本中世社会史論』吉川弘文館、２００５年
江田郁夫「東北の南北朝内乱と奥州管領」白根靖大編『東北の中世史3　室町幕府と東北の国人』吉川弘文館、２０１５年
海老名尚・福田豊彦「『六条八幡宮造営注文』について」『国立歴史

民俗博物館研究報告』45集、国立歴史民俗博物館、1992年

遠藤巖「南北朝内乱の中で」小林清治・大石直正編『中世奥羽の世界』東京大学出版会、1978年

遠藤巖「北奥羽の戦乱―南部氏と秋田氏と津軽氏と」小林清治・米原正義編『戦乱の日本史［合戦と人物］ 第8巻 戦国の群雄〈西国・奥羽〉』第一法規出版、1988年

遠藤巖「九戸政実の乱―戦国最後の大反撃」小林清治・米原正義編『戦乱の日本史［合戦と人物］第8巻 戦国の群雄〈西国・奥羽〉』第一法規出版、1988年

遠藤巖「京都御扶持衆小野寺氏」『日本歴史』485号、吉川弘文館、1988年

遠藤巖「戦国大名小野寺氏―稙道・輝道関連史料の検討―」『秋大史学』34号、秋田大学、1988年

遠藤巖「安藤氏と津軽の世界」小口雅史編『津軽安藤氏と北方世界―藤崎シンポジウム「北の中世を考える」―』河出書房新社、1995年

遠藤巖「日の本将軍安東氏と環日本海世界」村井章介・斉藤利男・小口雅史編『北の環日本海世界―書きかえられる津軽安藤氏』山川出版社、2002年

遠藤巖「戦国南部氏雑考」七戸町教育委員会編『中世糠部の世界と南部氏』高志書院、2003年

遠藤巖「浪岡御所北畠氏」「浪岡御所北畠氏の盛衰」『浪岡町史第二巻』浪岡町、2004年

遠藤巖「南部家と高野山遍照光院」斉藤利男『南部光徹氏所蔵「遠野南部家文書」の調査・研究』平成19~21年度科学研究費補助金研究基盤(B)19320101研究成果報告書、2010年

大藪海「奥州再仕置に関わる新出の徳川家康書状」『戦国史研究』77号、戦国史研究会、2019年

小野正敏「中世の権威を語る場とモノ―南部氏の特徴と位置づけ」『第2回南部学研究会』南部町・南部町教育委員会、2014年

小野正敏「南部氏聖寿寺館と根城の権威空間、その特徴と意義」『第5回南部学研究会』南部町・南部町教育委員会、2018年

勝俣鎮夫『戦国法成立史論』東京大学出版会、1979年

神田千里『戦国時代の自力と秩序』吉川弘文館、2013年

菅野文夫「三戸南部氏と糠部『郡中』」『岩手大学文化論叢』3輯、岩手大学教育学部社会科、1995年

菅野文夫「室町の秩序と戦国の争乱」細井計・伊藤博幸・菅野文夫・鈴木宏『岩手県の歴史』山川出版社、1999年

菅野文夫「南部信直発給文書とその周辺―戦国末期武家文書の〝略押〟―」『岩手大学教育学部研究年報』60巻2号、岩手大学教育学部、2001年

菅野文夫「戦国期糠部の一断面」細井計編『東北史を読み直す』吉川弘文館、2006年

北垣總一郎「九戸城石積み遺構の一考察」『史跡九戸城跡環境整備事業報告書』二戸市教育委員会、2004年

木下聡『中世武家官位の研究』吉川弘文館、2011年

熊谷隆次「南部信直と『取次』前田利家―伏見作事板の賦課をめぐって―」『地方史研究』305号、地方史研究協議会、2003年

熊谷隆次「近世初期八戸家（根城南部家）の知行所について」『はちのへ市史研究』4号、八戸市、2006年
熊谷隆次「南部信直文書の基礎的研究」斉藤利男『南部光徹氏所蔵「遠野南部家文書」の調査・研究』平成19～21年度科学研究費補助金 研究基盤(B)19320101研究成果報告書、2010年
熊谷隆次「奥羽仕置と稗貫氏—『稗貫家譜』の分析から—」『弘前大学國史研究』137号、弘前大学國史研究会、2014年
熊谷隆次「不染斎俊恕書状（根城八戸家宛）の年代比定」『弘前大学國史研究』141号、弘前大学國史研究会、2016年
熊谷隆次「北奥の戦国争乱」遠藤ゆり子編『東北の中世史4 伊達氏と戦国争乱』吉川弘文館、2016年
熊谷隆次「文禄・慶長初期における南部領五戸新田村代官所について—設置年代の確定と景観的復元—」『東北文化研究室紀要』58集、東北大学大学院文学研究科東北文化研究室、2017年
熊谷隆次「南部信直の元服書について」『古文書研究』84号、日本古文書学会、2018年
熊谷隆次「豊臣政権期南部領の三斎市について」『駒沢史学』94号、駒沢史学会、2020年
熊谷隆次「元和・寛永前期の三戸城—南部利直の移徙と普請・作事—」『東北文化研究室紀要』61集、東北大学大学院文学研究科東北文化研究室、2020年
熊谷隆次「戦国末期南部信直権力と外交—南慶儀・楢山義実を中心に—」斉藤利男編著『戦国大名南部氏の一族と城館』戎光祥出版、2021年
熊谷隆次「豊臣政権期における南部信直の蔵入地支配について」『地方史研究』409号、地方史研究協議会、2021年
九州近世陶磁学会『九州陶磁の編年 九州近世陶磁学会10周年記念』九州近世陶磁学会、2000年
栗村知弘「天正期の根城～破却（城わり）の実態について～」『八戸市博物館研究紀要』5号、八戸市博物館、1989年
栗村知弘・佐々木浩一「根城跡 近世家臣団編成と秀吉諸城破却令」藤木久志・伊藤正義編『城破りの考古学』吉川弘文館、2001年
久留島典子「領主の一揆と中世後期社会」『岩波講座 日本通史9 中世3』岩波書店、1994年
久留島典子『日本の歴史13 一揆と戦国大名』講談社、2001年
黒嶋敏『中世の権力と列島』高志書院、2012年
黒嶋敏「京・鎌倉と東北」白根靖大編『東北の中世史3 室町幕府と東北の国人』吉川弘文館、2015年
黒嶋敏「〈二つの将軍家〉と奥羽の連歌師」『東北中世史研究会会報』24号、東北中世史研究会、2017年
黒田基樹『戦国大名と外様国衆』文献出版、1997年
黒田基樹『戦国大名領国の支配構造』岩田書院、1997年
黒田基樹『戦国期東国の大名と国衆』岩田書院、2001年
黒田基樹『戦国大名 政策・統治・戦争』平凡社、2014年
小井田幸哉『八戸根城と南部家文書』国書刊行会、1986年
小井田幸哉『三戸城 改訂版』三戸町観光協会、1989年

小口雅史「津軽安藤氏の歴史とその研究」小口雅史編『津軽安藤氏と北方世界—藤崎シンポジウム「北の中世を考える」—』河出書房新社、1995年
児玉幸多・坪井清足監修『日本城郭体系 第2巻 青森・岩手・秋田』新人物往来社、1980年
小林清治「戦国争乱の展開」『岩波講座　日本歴史8　中世4』岩波書店、1976年
小林清治「大名権力の形成」小林清治・大石直正編『中世奥羽の世界』東京大学出版会、1978年
小林清治「板東屋富松と奥州大名」『福大史学』40号、福島大学史学会、1985年
小林清治「板東屋富松と奥州大名：補考」『福大史学』44号、福島大学史学会、1987年
小林清治「九戸合戦—中世糠部郡の終末—」大石直正監修『北辺の中世史—戸のまちの起源を探る—』名著出版、1997年
小林清治『奥羽仕置と豊臣政権』吉川弘文館、2003年
小林清治『奥羽仕置の構造—破城・刀狩・検地—』吉川弘文館、2003年
小林真人「北海道の戦国時代と中世アイヌ民族の社会と文化」入間田宣夫・小林真人・斉藤利男編『北の内海世界—北奥羽・蝦夷ヶ島と地域諸集団』山川出版社、1999年
斉藤利男「躍動する北の世界」長谷川成一・村越潔・小口雅史・斉藤利男・小岩信竹『青森県の歴史』山川出版社、2000年
斉藤利男「四通の十三湊安藤氏相伝文書と八戸南部氏」藤木久志・伊藤喜良編『奥羽から中世をみる』吉川弘文館、2009年
斉藤利男「室町・戦国の日本国と『三戸屋形』南部氏—聖寿寺館と本三戸城下の歴史的位置—」『第2回南部学研究会』青森県南部町・南部町教育委員会、2014年
斉藤利男「三戸南部氏の成立・展開と聖寿寺館跡」『東北地方北部における武家拠点の形成と変容—聖寿寺館を中心に—』、「武家拠点科研」事務局、2019年
斉藤利男「『南部屋形』三戸南部氏の歴史を探る—誕生から戦国大名へ」斉藤利男編著『戦国大名南部氏の一族と城館』戎光祥出版、2021年
斉藤利男「三戸南部氏と八戸南部氏—南部氏系譜の謎を解く」斉藤利男編著『戦国大名南部氏の一族と城館』戎光祥出版、2021年
榊原滋高「国史跡・十三湊遺跡の調査成果について」「十三湊遺跡の基準資料と一括資料」前川要・十三湊フォーラム実行委員会編『考古学リーダー　十三湊遺跡〜国史跡指定記念フォーラム〜』六一書房、2006年
佐々木浩一『日本の遺跡19　根城跡』同成社、2007年
佐藤嘉悦『物語 三戸城』東奥日報社、1982年
塩谷順耳「秋田実季領の再検討」『年報能代市史研究』5号、能代市史編さん室、1997年
島津忠夫「北海道に渡った連歌師卜純と中世北方史」『語文』90輯、大阪大学国語国文学会、2008年
白根靖大「建武の新政と陸奥将軍府」白根靖大編『東北の中世史3　室町幕府と東北の国人』吉川弘文館、2015年
白根靖大「東北の国人たち」白根靖大編『東北の中世史3　室町

幕府と東北の国人』吉川弘文館、２０１５年
関根達人「城館にみる南部氏・津軽氏 近世大名への道筋」小林昌二監修『日本海域歴史大系 第4巻 近世篇Ⅰ』清文堂出版、２００５年
関根達人『中近世の蝦夷地と北方交易』吉川弘文館、２０１４年
関豊「史跡九戸城跡の発掘調査」百々幸雄・竹間芳明・関豊・米田穣『骨が語る奥州戦国九戸落城』東北大学出版会、２００８年
関豊「岩手県の南部氏系城館—九戸城跡を中心に—」『岩手考古学会 第43回研究大会資料集』岩手考古学会、２０１２年
関豊「福岡城はなぜ築かれたか」『第1回南部学研究会』南部町・南部町教育委員会、２０１３年
瀬戸薫「前田利家と南部信直」『市史かなざわ』5号、金沢市、１９９９年
高桑登「山形県酒田市亀ヶ崎城跡出土の犬形土製品」『さあべい』27号、さあべい同人会、２０１１年
滝尻侑貴「根城南部家における八戸信長について」『駒澤大学大学院史学論集』39号、駒澤大学大学院史学会、２００９年
滝尻侑貴「中世南部氏と周辺領主～南部桜庭合戦と南部晴政・東政勝書状～」『東奥文化』86号、青森県文化財保護協会、２０１５年
竹井英文『織豊政権と東国社会』吉川弘文館、２０１２年
竹井英文「館山市立博物館所蔵『里見吉政戦功覚書』の紹介と検討」『千葉大学人文研究』43巻、千葉大学文学部、２０１４年
竹井英文『戦国武士の履歴書：「戦功覚書」の世界』戎光祥出版、２０１９年
致道博物館編『戦国時代の庄内』致道博物館、２０１９年
外山至生「曾我光高叔父光経の大平賀郷押領」『弘前大学國史研究』１０４号、弘前大学國史研究会、１９９８年
百々幸雄「九戸城二ノ丸跡出土人骨」百々幸雄・竹間芳明・関豊・米田穣『骨が語る奥州戦国九戸落城』東北大学出版会、２００８年
永井康雄「聖寿寺館中心区画跡から発掘された建物跡の性格について」『第5回南部学研究会』南部町・南部町教育委員会、２０１８年
永原慶二『日本中世の社会と国家』日本放送出版協会、１９８２年
中村隼人「聖寿寺館の『館』の復元—中世南部氏の建築文化—」『ふる里なんぶ』10号、南部町歴史研究会、２０１６年
中村隼人「根城復原主殿再考」『八戸市博物館研究紀要』31号、八戸市博物館、２０１７年
仁木宏「戦国・豊臣時代の大名と城下町～南部氏の聖寿寺館・三戸城を解く～」『第４回南部学研究会』南部町・南部町教育委員会、２０１７年
西村直亮「南北朝期における八戸根城南部氏の動向」東四柳史明編『地域社会の文化と史料』同成社、２０１７年
沼舘愛三『南部諸城の研究』伊吉書院、１９８１年
長谷川成一編『弘前の文化財—津軽藩初期文書集成—』弘前市教育委員会、１９８８年
長谷川成一『北奥羽の大名と民衆』清文堂出版、２００８年
秦野裕介『乱世の天皇—観応の擾乱から応仁の乱まで』東京堂出版、２０２０年
藤木久志「統一権力と東北大名」豊田武編『東北の歴史 上巻』

吉川弘文館、１９６７年
藤木久志『戦国社会史論』東京大学出版会、１９７４年
藤木久志『日本の歴史　第15巻　織田・豊臣政権』小学館、１９７５年
藤木久志「中世奥羽の終末」小林清治・大石直正編『中世奥羽の世界』東京大学出版会、１９７８年
藤木久志『豊臣平和令と戦国社会』東京大学出版会、１９８５年
藤木久志・伊藤正義編『城破りの考古学』吉川弘文館、２００１年
藤澤良祐「瀬戸・美濃大窯編年の再検討」『瀬戸市埋蔵文化財センター研究紀要』10輯、瀬戸市埋蔵文化財センター、２００２年
藤澤良祐「瀬戸・美濃大窯編年と城の年代観」峰岸純夫・萩原三雄編『戦国時代の城』高志書院、２００９年
藤田俊雄「根城廃城以後の建物について」『八戸市博物館研究紀要』３号、八戸市博物館、１９８７年
藤田俊雄「南部一族の展開」山梨県立博物館監修、西川広平編『甲斐源氏―武士団のネットワークと由緒―』戎光祥出版、２０１５年
布施和洋「三戸南部氏の城館変遷とその年代」『第４回南部学研究会』南部町・南部町教育委員会、２０１７年
布施和洋「平良ヶ崎城跡から聖寿寺館、そして新三戸城へ」『ふる里なんぶ』12号、南部町歴史研究会、２０１８年
布施和洋「発掘調査の成果からみた南部氏」『東北地方北部における武家拠点の形成と変容―聖寿寺館を中心に―』、「武家拠点科研」事務局、２０１９年
布施和洋「室町・戦国期前半における三戸南部氏の城館遺構と流通経路」『青森県考古学』28号、青森県考古学会、２０２０年
布施和洋「三戸南部氏の戦国大名化と聖寿寺館」斉藤利男編著『戦国大名南部氏の一族と城館』戎光祥出版、２０２１年
船場昌子「12世紀の根城―『根城』前史を考える―」『八戸市博物館研究紀要』32号、八戸市博物館、２０１９年
松山力「九戸城本丸南堀跡石垣（第１面〜第３面）積石の石質について」『史跡九戸城跡環境整備事業報告書』二戸市教育委員会、２００４年
丸島和洋『戦国大名武田氏の権力構造』思文閣出版、２０１１年
丸島和洋『戦国大名の「外交」』講談社、２０１３年
水澤幸一「貿易陶磁の時空―時代・地域・格差―」『貿易陶磁研究』39号、日本貿易陶磁研究会、２０１９年
峰岸純夫『中世の東国―地域と権力―』東京大学出版会、１９８９年
村井良介『戦国大名権力構造の研究』思文閣出版、２０１２年
村井良介『戦国大名論　暴力と法と権力』講談社、２０１５年
森嘉兵衛『日本の武将66　津軽南部の抗争―南部信直―』人物往来社、１９６７年
盛田稔「蝦夷時代における七戸地方について」七戸町教育委員会編『中世糠部の世界と南部氏』高志書院、２００３年
矢田俊文『日本中世戦国期権力構造の研究』塙書房、１９９８年
山田将之「中人制における『奥州ノ作法』―戦国期の中人制と伊達氏の統一戦争―」『戦国史研究』57号、戦国史研究会、２００９年

山田康弘『戦国時代の足利将軍』吉川弘文館、2011年
山田康弘「戦国時代の足利将軍に関する諸問題」天野忠幸・片山正彦・古野貢・渡邊大門編『戦国・織豊期の西国社会』日本史史料研究会企画部、2012年
柳原敏昭「『源氏南部八戸家系』の成立」斉藤利男『南部光徹氏所蔵「遠野南部家文書」の調査・研究』平成19～21年度科学研究費補助金　研究基盤（B）19320101研究成果報告書、2010年
吉井功兒「中世南部氏の世界―両南部歴代当主の再検討と北奥の戦国領主―」『地方史研究』205号、地方史研究協議会、1987年
若松啓文「大崎教兼官途推挙状について」斉藤利男『南部光徹氏所蔵「遠野南部家文書」の調査・研究』平成19～21年度科学研究費補助金　研究基盤(B)19320101研究成果報告書、2010年
若松啓文「俊恕書状雑考」斉藤利男『南部光徹氏所蔵「遠野南部家文書」の調査・研究』平成19～21年度科学研究費補助金　研究基盤（B）19320101研究成果報告書、2010年
渡辺信夫「天正十八年の奥羽仕置令について」『日本文化研究所研究報告』別巻19集、東北大学文学部日本文化研究所、1982年
渡辺信夫監修『東北の街道―道の文化史いまむかし―』東北建設協会、1998年
綿抜豊昭『連歌とは何か』講談社、2006年
綿抜豊昭『戦国武将と連歌師　乱世のインテリジェンス』平凡社、2014年

著者略歴（※所属先は2021年現在）

熊谷　隆次（くまがい・りゅうじ）＝1970年、青森県六戸町生まれ。明治大学大学院博士前期課程修了（修士）、東北大学大学院博士後期課程修了（博士）。専門は戦国期・近世南部氏、近世農村史。著作に「北奥の戦国争乱」（遠藤ゆり子編『東北の中世史4　伊達氏と戦国争乱』吉川弘文館）、論文に「戦国末期南部信直権力と外交」（斉藤利男編著『戦国大名南部氏の一族と城館』戎光祥出版）。八戸工業大学第二高等学校教諭。同町在住。

滝尻　侑貴（たきじり・ゆうき）＝1986年、青森県八戸市生まれ。駒澤大学大学院修士課程修了。専門は中世南部氏。八戸市立図書館主査兼学芸員。共著に亀田俊和・生駒孝臣編『南北朝武将列伝　南朝編』（戎光祥出版）、論文に「南部氏の正月行事にみる領主関係」（久保田昌希編『戦国・織豊期と地方史研究』岩田書院）。同市在住。

布施　和洋（ふせ・かずひろ）＝1981年、北海道函館市生まれ。北海道大学大学院文学研究科修士課程修了・博士課程単位取得退学。専門は中世考古学、城館研究。南部町教育委員会社会教育課史跡対策室総括主査。論文に「三戸南部氏の戦国大名化と聖寿寺館」（斉藤利男編著『戦国大名南部氏の一族と城館』戎光祥出版）、「室町・戦国期前半における三戸南部氏の城館遺構と流通経路」（『青森県考古学』28号）。青森県南部町在住。

柴田　知二（しばた・ともかず）＝１９７５年、富山県射水市生まれ。岩手大学人文社会科学部人文社会科学科卒業。専門は古代末期集落、城館研究。二戸市教育委員会文化財課副主幹。論文に「戦国時代の九戸城」（斉藤利男編著『戦国大名南部氏の一族と城館』戎光祥出版）、共著に井上雅孝・柴田知二「二戸市石切所嘉暦の碑―嘉暦三年銘板碑―」（『岩手考古学』18号）。岩手県盛岡市在住。

野田　尚志（のだ・たかし）＝１９７５年、青森県青森市生まれ。青森大学社会学部卒業。専門は埋蔵文化財、城館研究。三戸町教育委員会事務局史跡対策班長。論文に「奥州南部領の拠点・三戸城の実像を探る」（斉藤利男編著『戦国大名南部氏の一族と城館』戎光祥出版）。同県南部町在住。

船場　昌子（ふなば・まさこ）＝１９７５年、青森県八戸市生まれ。立正大学大学院文学研究科修士課程修了。八戸市博物館主幹。共著に飯村均・室野秀文編『東北の名城を歩く　北東北編　青森・岩手・秋田』（吉川弘文館）。同市在住。

＊本書は「デーリー東北」の同名連載企画（2017年10月〜20年11月、全68回）を
再構成して書籍化したものです。

戦国の北奥羽南部氏

発行日　2021年6月16日　初　版
　　　　2021年11月12日　第2版
　　　　2024年5月31日　第3版

著　者　熊谷 隆次　滝尻 侑貴　布施 和洋
　　　　柴田 知二　野田 尚志　船場 昌子

発行者　広瀬　知明

発行所　株式会社デーリー東北新聞社
　　　　青森県八戸市城下1-3-12
　　　　電話 0178（44）5111

印刷所　赤間印刷工業株式会社
　　　　青森県八戸市城下1-24-21